MATEMÁTICA

Daniela Padovan
Mestre em Educação e licenciada em Pedagogia pela Faculdade de Educação da Universidade de São Paulo (FEUSP)
Coordenadora Pedagógica de Educação Infantil e Ensino Fundamental

Isabel Cristina Guerra
Formada em Psicologia pela Universidade São Marcos
Professora do Ensino Fundamental
Autora de Livros Didáticos e de Literatura Infantil

Ivonildes Milan
Licenciada em Pedagogia pelas Faculdades Tibiriçá
Coordenadora Pedagógica-Educacional e Assessora Pedagógica do Ensino Infantil e Fundamental

ENSINO FUNDAMENTAL **1º ANO**

ISBN 978-85-02-07251-0
ISBN 978-85-02-07252-7 (Livro do Professor)

Projeto Prosa Matemática (Ensino Fundamental) – 1º ano
© Daniela Padovan. Isabel Cristina Guerra, Ivonildes Milan, 2008
Direitos desta edição:
SARAIVA S.A. – Livreiros Editores, São Paulo, 2008
Todos os direitos reservados

Gerente editorial	Marcelo Arantes
Editor	Silvana Rossi Júlio
Editor Assistente	Viviane de L. Carpegiani Tarraf
Assistente editorial	Mirian Martins Pereira
Coordenador de revisão	Camila Christi Gazzani
Revisores	Lucia Scoss Nicolai (enc.), Cesar G. Sacramento, Tatiana Sado Jaworski
Assistente de produção editorial	Rachel Lopes Corradini
Pesquisa iconográfica	Cristina Akisino (coord.)
Gerente de arte	Nair de Medeiros Barbosa
Coordenador de arte	Vagner Castro dos Santos
Assistente de produção	Grace Alves
Projeto gráfico e Capa	Homem de Melo & Troia Design
Imagem de Capa	Jupiter Unlimited/Keydisc
	Blocos geométricos de encaixe, feitos de madeira e pintados.
Ilustrações	Alexandre Rampazo, Avelino Guedes, Fernando Vasques, Marco Aurelio Sismotto, Marcelo Gagliano, Sergio Furlani, Vagner Castro Oliveira, Vilachã, Wilson Jorge Filho.
Diagramação	SETAP Bureau; Zapt Editora
Impressão	Prol

Dados Internacionais de Catalogação na Publicação (CIP)
(Câmara Brasileira do Livro, SP, Brasil)

Padovan, Daniela
  Projeto prosa : matemática, 1º ano / Daniela Padovan, Isabel Cristina Guerra, Ivonildes Milan.— 1. ed. — São Paulo : Saraiva, 2008.

  Suplementado pelo manual do professor.
  ISBN 978-85-02-07251-0 (aluno)
  ISBN 978-85-02-07252-7 (professor)

  1. Alfabetização (Ensino fundamental)
  2. Matemática (Ensino fundamental) I. Guerra, Isabel Cristina. II. Milan, Ivonildes. III. Título.

08-05447   CDD-372.41
                                                                 -372.7

Índices para catálogo sistemático:
1. Alfabetização : Ensino fundamental 372.41
2. Matemática : Ensino fundamental 372.7

Impresso no Brasil
4   5   6   7   8   9   10

Esta obra está em conformidade com as novas regras do Acordo Ortográfico da Língua Portuguesa, assinado em Lisboa, em 16 de dezembro de 1990, e aprovado pelo Decreto Legislativo nº 54, de 18 de abril de 1995, publicado no *Diário Oficial da União* em 20/04/1995 (Seção I, p. 5585).

O material de publicidade e propaganda reproduzido nesta obra está sendo utilizado apenas para fins didáticos, não representando qualquer tipo de recomendação de produtos ou empresas por parte do(s) autor(es) e da editora.

2009

Rua Henrique Schaumann, 270 – CEP 05413-010 – Pinheiros – São Paulo-SP
Tel.: PABX (0**11) 3613-3000 – Fax: (0**11) 3611-3308
Televendas: (0**11) 3616-3666 – Fax Vendas: (0**11) 3611-3268
Atendimento ao Professor: (0**11) 3613-3030 Grande São Paulo – 0800-0117875 Demais localidades
Endereço Internet: www.editorasaraiva.com.br – E-mail: atendprof.didatico@editorasaraiva.com.br

CONHEÇA A ORGANIZAÇÃO DO SEU LIVRO

UNIDADES

SEU LIVRO TEM OITO UNIDADES.
AS ABERTURAS DAS UNIDADES TRAZEM IMAGENS QUE INTRODUZEM O TRABALHO A SER DESENVOLVIDO.

NA SEÇÃO **IMAGEM E CONTEXTO**, VOCÊ VAI SER CONVIDADO A OBSERVAR OS ELEMENTOS DA IMAGEM E RELACIONÁ-LOS COM SEUS CONHECIMENTOS SOBRE O TEMA OU COM O SEU DIA-A-DIA.

LIÇÕES

AS LIÇÕES EXPLORAM E DESENVOLVEM OS CONTEÚDOS E CONCEITOS ESTUDADOS.
EM CADA LIÇÃO VOCÊ DESENVOLVE ATIVIDADES VARIADAS, ESCRITAS E ORAIS, EM DUPLA COM UM COLEGA OU EM GRUPO.

GENTE QUE FAZ!

NESTA SEÇÃO VOCÊ VAI PÔR EM PRÁTICA O QUE APRENDEU. JOGOS E OUTROS DESAFIOS VÃO MOSTRAR SUA CRIATIVIDADE E HABILIDADE.

CONHEÇA A ORGANIZAÇÃO DO SEU LIVRO

REDE DE IDEIAS

AS ATIVIDADES PROPOSTAS NESTA SEÇÃO VÃO AJUDÁ-LO A RETOMAR AS PRINCIPAIS IDEIAS DO QUE VOCÊ TRABALHOU NA UNIDADE.

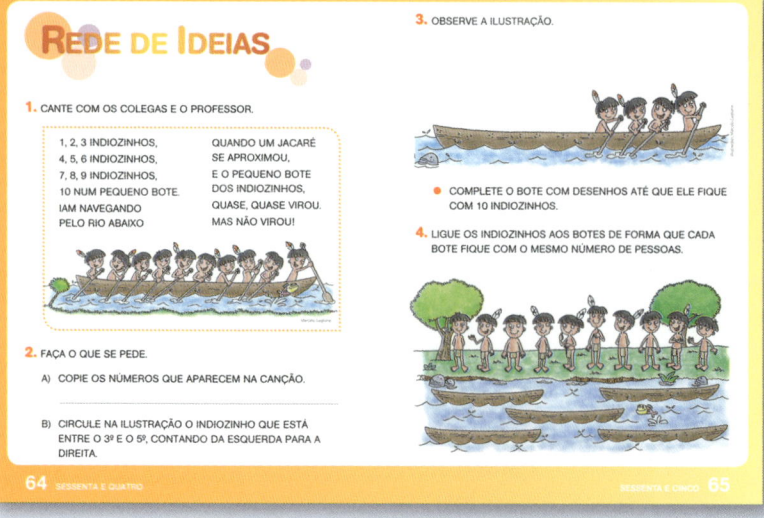

CONVIVÊNCIA

QUATRO DAS OITO UNIDADES TERMINAM COM ESTA SEÇÃO. É O MOMENTO DE REFLETIR SOBRE VALORES E ATITUDES QUE VÃO CONTRIBUIR PARA VOCÊ SE TORNAR UM CIDADÃO CONSCIENTE E PARTICIPANTE.

ORGANIZADORES

AO LONGO DO LIVRO VOCÊ VAI SER CONVIDADO A REALIZAR VÁRIAS ATIVIDADES. EM ALGUMAS DELAS, FIQUE ATENTO PARA AS ORIENTAÇÕES COM ÍCONES.

CONHEÇA OS SIGNIFICADOS DOS ÍCONES:

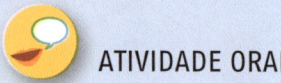 ATIVIDADE ORAL

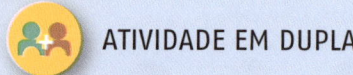 ATIVIDADE EM DUPLA

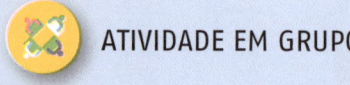 ATIVIDADE EM GRUPO

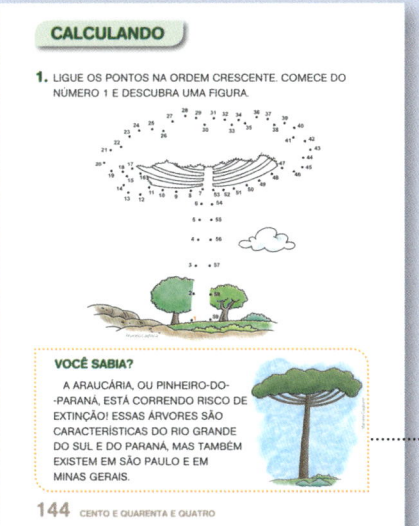

VOCÊ SABIA?
NESTE BOXE VOCÊ ENCONTRA CURIOSIDADES E DEFINIÇÕES SOBRE CONTEÚDOS DA MATEMÁTICA.

AMPLIANDO HORIZONTES
AS UNIDADES TRAZEM SUGESTÕES DE JOGOS, BRINCADEIRAS, MÚSICAS E LEITURAS, COM A INDICAÇÃO DE LIVROS QUE PERMITEM ENRIQUECER OS ASSUNTOS ABORDADOS.

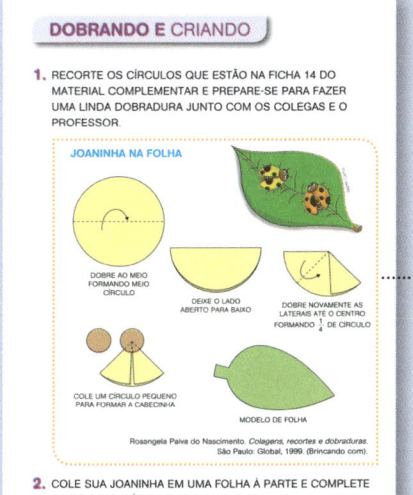

BOXES
AO LONGO DO LIVRO, VOCÊ ENCONTRA BOXES ESPECIAIS ONDE SÃO APRESENTADOS TEXTOS COMPLEMENTARES SOBRE OS CONTEÚDOS ESTUDADOS.

SUMÁRIO

UNIDADE 1 — ONDE ESTÃO OS NÚMEROS? — 8

- VAMOS CONTAR! 10
- OS ALGARISMOS 12
- DESENHANDO QUANTIDADES 14
- **GENTE QUE FAZ! – JOGO DO NÚMERO MAIOR** 16
- OS NÚMEROS E VOCÊ 18
- QUANTOS ANOS? 20
- OBSERVANDO OBJETOS 22
- FIGURAS GEOMÉTRICAS 24
- **REDE DE IDEIAS** 26

UNIDADE 2 — FÉRIAS... PERCORRENDO DISTÂNCIAS — 28

- SEQUÊNCIA NUMÉRICA 30
- MAIS 1, MENOS 1 32
- NÚMEROS ORDINAIS 34
- OBSERVANDO E CALCULANDO 36
- **GENTE QUE FAZ! – JOGO TIRA FICHAS** 38
- PESANDO E MEDINDO 40
- **REDE DE IDEIAS** 42
- **CONVIVÊNCIA** 44
- VAMOS COOPERAR?

UNIDADE 3 — NÚMEROS NAS BRINCADEIRAS — 46

- BRINCANDO COM NÚMEROS 48
- USANDO O CALENDÁRIO 50
- FORMAS E TAMANHOS 52
- RESOLVENDO PROBLEMAS 54
- PULANDO E CONTANDO! 56
- CALCULANDO UM POUCO MAIS 58
- MALHAS QUADRICULADAS 60
- MAIS PROBLEMAS! 62
- **REDE DE IDEIAS** 64

UNIDADE 4 — NOSSAS CASAS – MUITAS FORMAS — 66

- DOBRANDO E CRIANDO 68
- PROBLEMAS À VISTA 70
- CONTANDO E COMPLETANDO 72
- ORDENANDO QUANTIDADES 74
- EXPLORANDO EMBALAGENS 76
- NÚMEROS QUE INDICAM TAMANHO 78
- VAMOS MEDIR? 80
- **REDE DE IDEIAS** 82
- **CONVIVÊNCIA** 84
- O USO DA ÁGUA

UNIDADE 5 — OS NÚMEROS E SEUS USOS — 86

- MEXENDO COM DINHEIRO 88
- COMPARANDO MEDIDAS 90
- CONHECENDO A SIMETRIA 92
- **GENTE QUE FAZ! – JOGO RAPA-TUDO 94**
- EXPLORANDO AS FORMAS 96
- ORGANIZANDO QUANTIDADES 98
- OS NÚMEROS DAS CASAS 100
- **REDE DE IDEIAS** 102

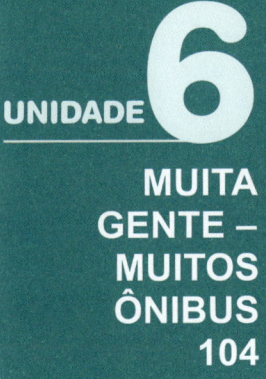

UNIDADE 6 — MUITA GENTE – MUITOS ÔNIBUS — 104

- COMPARANDO NÚMEROS 106
- **GENTE QUE FAZ! – JOGO DO ÔNIBUS 108**
- DITADO DE NÚMEROS 110
- TABELAS E GRÁFICOS 112
- SOMAR, SUBTRAIR E DIVIDIR 114
- DIFERENTES JEITOS DE RESOLVER UM PROBLEMA 116
- **REDE DE IDEIAS** 118
- **CONVIVÊNCIA** 120
  DIGA NÃO À VIOLÊNCIA!

UNIDADE 7 — DIFERENTES CAMINHOS — 122

- PERCORRENDO LINHAS E COLUNAS 124
- ESTIMANDO E CONTANDO 126
- ARTE E MATEMÁTICA 128
- OBSERVANDO E CRIANDO COM FIGURAS GEOMÉTRICAS 130
- METADES E DOBROS 132
- MEDINDO COM NÚMEROS 134
- RESOLVENDO PROBLEMAS 136
- PROBLEMAS PARA CRIAR E CALCULAR 138
- **REDE DE IDEIAS** 140

UNIDADE 8 — MUITAS ÁRVORES – MUITAS AVES — 142

- CALCULANDO 144
- SOMANDO E TIRANDO 146
- IMAGINANDO E CALCULANDO 148
- **GENTE QUE FAZ! – JOGO BARALHO DAS FRUTAS 150**
- NÚMEROS ATÉ 100! 152
- SEGUINDO PISTAS 154
- **REDE DE IDEIAS** 156
- **CONVIVÊNCIA** 158
  CRIANÇAS COMO VOCÊ

IMAGEM E CONTEXTO

1. CONVERSE COM OS COLEGAS E O PROFESSOR E CIRCULE TODOS OS NÚMEROS QUE VOCÊ ENCONTRAR NESSA CENA.

2. ANOTE AQUI ALGUNS DOS NÚMEROS QUE VOCÊ ENCONTROU.

_____

_____

VAMOS CONTAR!

1. CONTE QUANTAS FIGURAS DE CADA TIPO HÁ NA ILUSTRAÇÃO E ANOTE NA TABELA.

FIGURA	QUANTIDADE
(pássaro)	
(nuvem)	
(árvore)	
(vaca)	
(pato)	

10 DEZ

2. OBSERVE A CENA.

Marcelo Gagliano

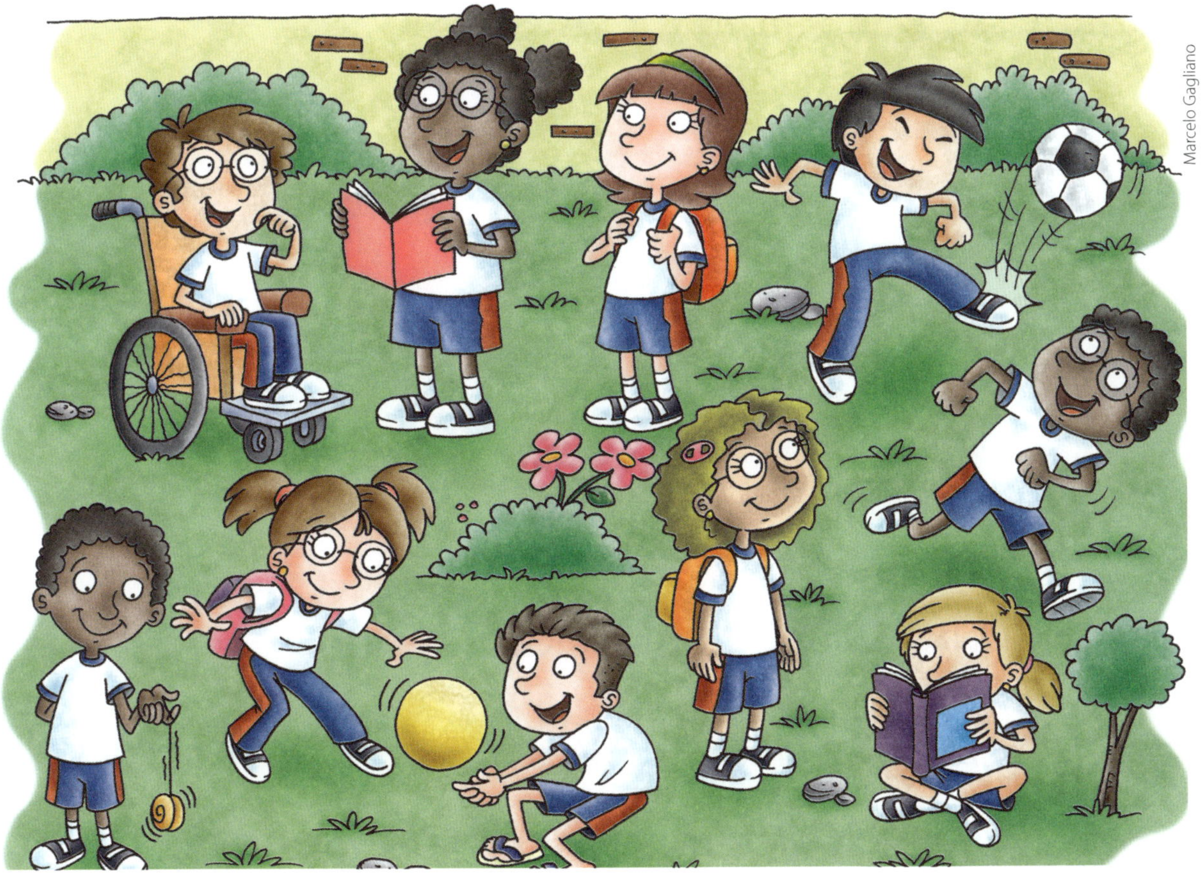

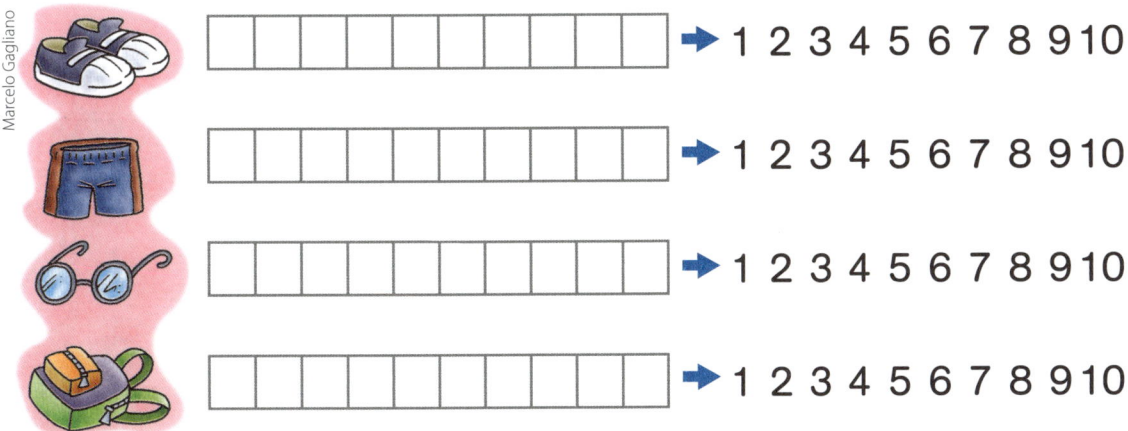

A) CONTE E PINTE QUANTAS CRIANÇAS ESTÃO USANDO:

Marcelo Gagliano

→ 1 2 3 4 5 6 7 8 9 10

→ 1 2 3 4 5 6 7 8 9 10

→ 1 2 3 4 5 6 7 8 9 10

→ 1 2 3 4 5 6 7 8 9 10

B) QUANTAS CRIANÇAS ESTÃO NESSA CENA? ____________________

C) EXISTE UMA CRIANÇA QUE VOCÊ CONTOU TODAS AS VEZES. ENCONTRE-A E MARQUE-A COM UM **X**.

OS ALGARISMOS

VOCÊ CONHECE OS ALGARISMOS?

USAMOS DEZ ALGARISMOS PARA ESCREVER OS NÚMEROS.

0	ZERO	5	CINCO
1	UM	6	SEIS
2	DOIS	7	SETE
3	TRÊS	8	OITO
4	QUATRO	9	NOVE

1. VAMOS TREINAR A ESCRITA DOS ALGARISMOS?
SIGA AS FLECHINHAS PARA COMPLETAR OS NÚMEROS.

0	0	0	0	0	0	0
1	1	1	1	1	1	1
2	2	2	2	2	2	2
3	3	3	3	3	3	3
4	4	4	4	4	4	4
5	5	5	5	5	5	5
6	6	6	6	6	6	6
7	7	7	7	7	7	7
8	8	8	8	8	8	8
9	9	9	9	9	9	9

TREZE

DESENHANDO QUANTIDADES

1. FAÇA DESENHOS DE ACORDO COM A QUANTIDADE INDICADA PELOS NÚMEROS. OBSERVE O EXEMPLO.

2. DESENHE E ESCREVA AS QUANTIDADES CERTAS DE VELAS E BOLINHAS DE ACORDO COM AS INDICAÇÕES DAS CRIANÇAS.

A)

B)

GENTE QUE FAZ!

JOGO DO NÚMERO MAIOR

MATERIAL NECESSÁRIO
- 32 CARTAS DAS FICHAS 15 E 16 DO MATERIAL COMPLEMENTAR

NÚMERO DE PARTICIPANTES
- DE 2 A 4 JOGADORES

MODO DE JOGAR
- MISTURE E DISTRIBUA AS CARTAS IGUALMENTE ENTRE TODOS OS PARTICIPANTES. CADA UM DEVE FAZER UM MONTE À SUA FRENTE, COM OS NÚMEROS DAS CARTAS VIRADOS PARA BAIXO.
- QUEM INICIAR O JOGO DIZ "JÁ!", E CADA PARTICIPANTE VIRA A 1ª CARTA DO SEU MONTE. AQUELE QUE TIVER A CARTA COM O MAIOR NÚMERO, FICA COM TODAS AS CARTAS VIRADAS.
- GANHA AQUELE QUE, NO FINAL DO JOGO, CONSEGUIR A MAIOR QUANTIDADE DE CARTAS.

PARTICIPANTES	QUANTIDADE DE CARTAS NO FINAL DO JOGO

VENCEDOR: _____

1. CARLOS, VÍTOR E LUÍS PARTICIPARAM DO *JOGO DO NÚMERO MAIOR*. VEJA AS CARTAS QUE CADA UM VIROU.

A) QUEM TIROU A CARTA MAIOR? _____

B) QUEM TIROU A CARTA MENOR? _____

2. NA SEGUNDA RODADA, AS CARTAS VIRADAS FORAM ESTAS:

A) QUEM TIROU A CARTA MAIOR? _____

B) QUEM TIROU A CARTA MENOR? _____

OS NÚMEROS E VOCÊ

1. FAÇA O CONTORNO DE UMA DE SUAS MÃOS E RESPONDA ÀS QUESTÕES ABAIXO.

A) QUANTOS DEDOS HÁ EM SUA MÃO?

B) QUAL O TOTAL DE DEDOS DAS SUAS DUAS MÃOS?

2. QUANTOS DEDOS MOSTRAM ESTAS MÃOS?

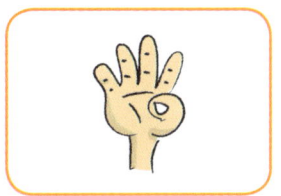 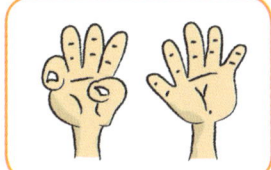  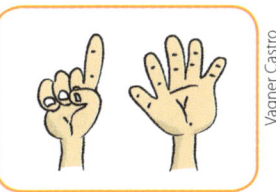

   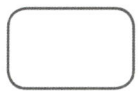

3. LEIA ESTE VERSINHO E OBSERVE A FOTOGRAFIA DA CRIANÇA.

DOIS OLHOS

DUAS ORELHAS

SÓ A BOCA NÃO TEM PAR

QUER DIZER QUE É MAIS PRUDENTE

VER, OUVIR,

DO QUE FALAR

(DA TRADIÇÃO POPULAR)

- RESPONDA DE ACORDO COM A FOTOGRAFIA E O VERSINHO.

A) QUANTOS OLHOS A MENINA TEM? _____

B) QUANTAS SÃO AS ORELHAS? _____

C) HÁ QUANTAS BOCAS? _____

D) QUANTOS BRAÇOS ELA TEM? _____

E) QUANTAS SÃO AS PERNAS? _____

QUANTOS ANOS?

1. OBSERVE A FAMÍLIA DE JOÃO E LIGUE CADA UM À SUA IDADE.

MAMÃE DANIELA	IRMÃ JÚLIA	VOVÓ CLARA	JOÃO
•	•	•	•
•	•	•	•
42 ANOS	67 ANOS	15 ANOS	6 ANOS

2. RESPONDA DE ACORDO COM A FAMÍLIA DE JOÃO.

A) QUE IDADE TEM O MAIS NOVO? _____

B) QUE IDADE TEM O MAIS VELHO? _____

3. ORGANIZE AS IDADES DA MENOR PARA A MAIOR.

4. DESENHE AS PESSOAS QUE MORAM EM SUA CASA E ESCREVA O NOME E A IDADE DE CADA UMA DELAS.

5. RESPONDA USANDO INFORMAÇÕES DA SUA FAMÍLIA.

A) QUEM É O MAIS VELHO? _____

B) QUANTOS ANOS TEM O MAIS VELHO? ☐

C) QUEM É O MAIS NOVO? _____

D) QUANTOS ANOS TEM O MAIS NOVO? ☐

6. ORDENE A IDADE DAS PESSOAS QUE MORAM EM SUA CASA, DA MAIS NOVA PARA A MAIS VELHA.

_____

OBSERVANDO OBJETOS

1. OBSERVE ESTES OBJETOS E ASSINALE COM UM **X** AQUELES QUE PODEM ROLAR AO SEREM COLOCADOS NO CHÃO.

2. EM CADA QUADRO, ASSINALE O OBJETO QUE CORRESPONDE À DESCRIÇÃO FEITA POR ANA.

É REDONDO E ROLA NO CHÃO.
ANA

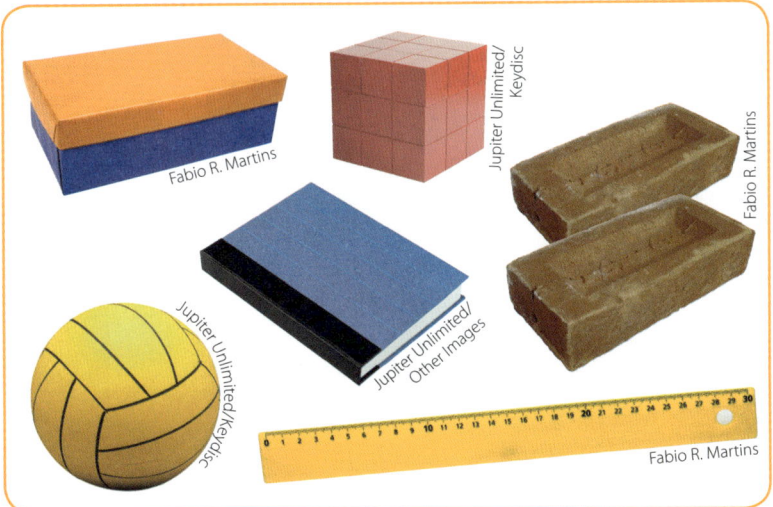

NÃO ROLA NO CHÃO E EM TODAS AS POSIÇÕES TEM A MESMA ALTURA.

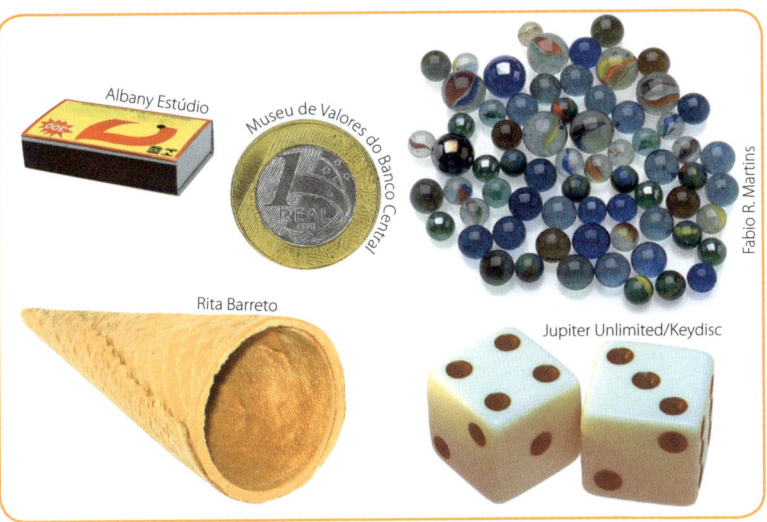

TEM A FORMA DE UM TUBO E PODE ROLAR NO CHÃO.

FIGURAS GEOMÉTRICAS

1. ENCONTRE NO DESENHO FIGURAS GEOMÉTRICAS PARECIDAS ÀS INDICADAS. PINTE ESSAS FIGURAS COM AS CORES SUGERIDAS.

2. COMPARE AS DUAS CENAS.

- ASSINALE NA PRIMEIRA CENA AS **10** DIFERENÇAS ENCONTRADAS.

REDE DE IDEIAS

1. OBSERVE ESTA CENA E RESPONDA ÀS QUESTÕES.

A) QUANTOS CACHORROS HÁ NO TOTAL? _____

B) QUANTOS CACHORROS SÃO FILHOTES? _____

C) QUANTOS FILHOTES SÃO MALHADOS? _____

2. DESENHE OS LÁPIS QUE FALTAM E ESCREVA OS NÚMEROS.

1 LÁPIS A MENOS QUE UMA DÚZIA	UMA DÚZIA DE LÁPIS DE COR	1 LÁPIS A MAIS QUE UMA DÚZIA
	12	

26 VINTE E SEIS

3. COM OS COLEGAS E O PROFESSOR, DIGAM AS FIGURAS GEOMÉTRICAS QUE VOCÊS CONHECEM E SABEM O NOME. O PROFESSOR ESCREVERÁ NA LOUSA E VOCÊS COPIARÃO.

_____

_____

_____

4. RECORTE AS FIGURAS DA FICHA 14 DO MATERIAL COMPLEMENTAR E FAÇA A DOBRADURA DO RATO. COLE O RATO NESTE ESPAÇO E COMPLETE O DESENHO COMO QUISER.

- QUE FIGURAS GEOMÉTRICAS FORAM USADAS NA DOBRADURA DO RATO?

_____

UNIDADE 2

FÉRIAS... PERCORRENDO DISTÂNCIAS

IMAGEM E CONTEXTO

FÁBIO ESTÁ DE FÉRIAS. SEUS PAIS PLANEJARAM UMA VIAGEM E O CARRO DELES ESTÁ ENTRE ESSES VEÍCULOS.

1. APONTE O CARRO DA FAMÍLIA DE FÁBIO. ELE É AZUL E CARREGA DUAS BICICLETAS.

2. QUANTOS CARROS HÁ ENTRE O CARRO DE FÁBIO E O CAMINHÃO? CONTE E ANOTE.

   _____

3. O QUE VOCÊ E SUA FAMÍLIA FAZEM NO PERÍODO DE FÉRIAS? CONVERSE COM OS COLEGAS E O PROFESSOR.

SEQUÊNCIA NUMÉRICA

1. DESCUBRA UM ANIMAL INTERESSANTE! LIGUE OS PONTOS, SEGUINDO A ORDEM CRESCENTE DOS NÚMEROS DE 1 A 30.

ORDEM CRESCENTE: DO MENOR PARA O MAIOR.

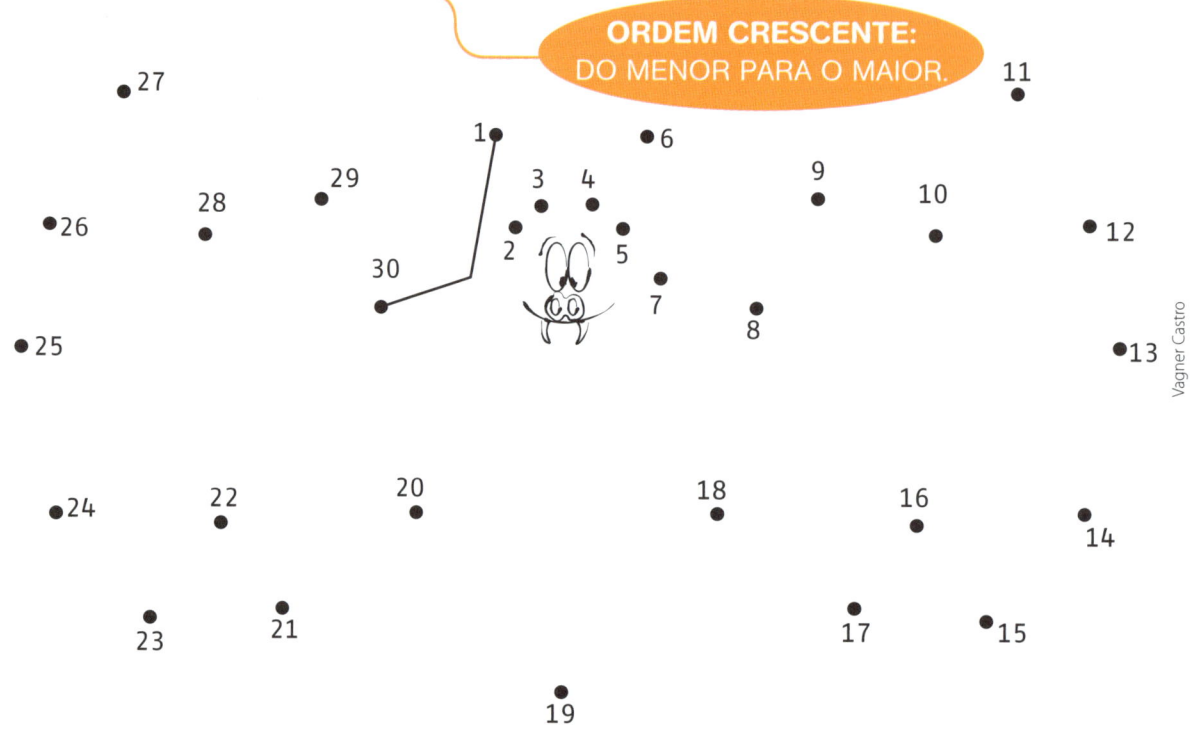

2. ACOMPANHE A LEITURA QUE O PROFESSOR FARÁ E SAIBA UM POUCO MAIS SOBRE ESSE ANIMAL.

VOCÊ SABIA?

A MAIOR PARTE DOS MORCEGOS COME INSETOS, ASSIM COMO MUITOS PÁSSAROS. NÃO GOSTAM DA LUZ DO SOL E PREFEREM CAÇAR À NOITE.

Disponível em: <www.guiadoscuriosos.com.br>.
Acesso em: janeiro de 2008.

3. AJUDE O MICO-LEÃO A ENCONTRAR SEUS AMIGOS. LIGUE AS FRUTAS NUMERADAS EM ORDEM CRESCENTE. A PISTA É COMEÇAR DO 1 E IR SOMANDO 1 ATÉ CHEGAR AO 30.

MAIS 1, MENOS 1

1. OBSERVE OS NÚMEROS DESTACADOS NESTE QUADRO NUMÉRICO.

1	2	3	4	5	6	7	8	9	10
11	12	13	14	15	16	17	18	19	20
21	22	23	24	25	26	27	28	29	30

- COPIE CADA UM DOS NÚMEROS DESTACADOS NO ESPAÇO INDICADO E COMPLETE COM OS QUE VÊM IMEDIATAMENTE ANTES E DEPOIS. VEJA UM EXEMPLO.

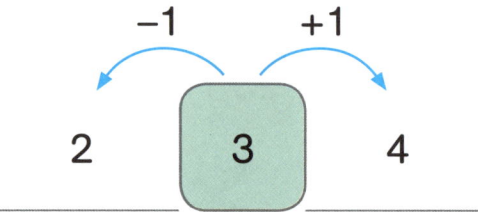 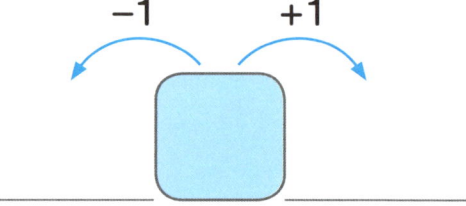

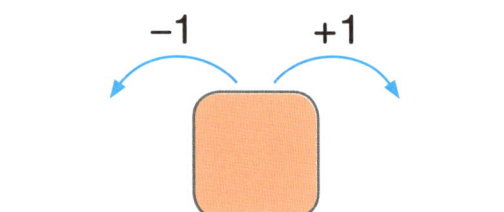 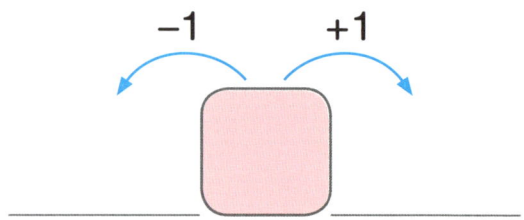

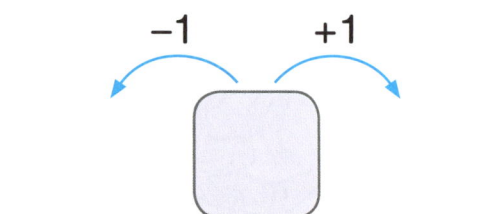 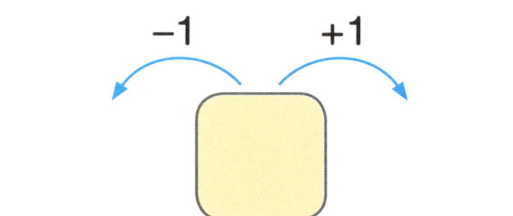

32 TRINTA E DOIS

> **VOCÊ SABIA?**
>
> NA MATEMÁTICA, O SINAL **+** QUER DIZER "MAIS" E INDICA UMA SOMA OU **ADIÇÃO**. O SINAL **−** QUER DIZER "MENOS" E INDICA UMA DIFERENÇA OU **SUBTRAÇÃO**.

2. O PROFESSOR VAI FALAR ALGUNS NÚMEROS. LOCALIZE E PINTE NO QUADRO OS NÚMEROS DITADOS.

1	2	3	4	5	6	7	8	9	10
11	12	13	14	15	16	17	18	19	20
21	22	23	24	25	26	27	28	29	30

● SENTE AO LADO DE UM COLEGA E VEJA SE OS NÚMEROS QUE ELE MARCOU SÃO IGUAIS AOS SEUS.

3. OBSERVE O QUADRO E RESPONDA.

A) QUAIS NÚMEROS TÊM APENAS UM ALGARISMO?

_____

B) QUE NÚMEROS TÊM DOIS ALGARISMOS?

_____

_____

C) QUE NÚMEROS TERMINAM COM 0 (ZERO)?

_____

NÚMEROS ORDINAIS

1. JOÃO FOI A UMA CORRIDA DE *KART*.

- OBSERVE O NÚMERO DE CADA CARRO E RESPONDA.

A) QUE CARRO CHEGOU EM 1º LUGAR? _____

B) QUAL É O QUINTO CARRO? _____

C) QUE CARRO ESTÁ EM ÚLTIMO LUGAR? _____

2. ORGANIZE OS NÚMEROS DOS CARROS DA ATIVIDADE 1 EM ORDEM CRESCENTE.

_____

_____

3. OBSERVE O PRÉDIO ONDE LÍGIA MORA.

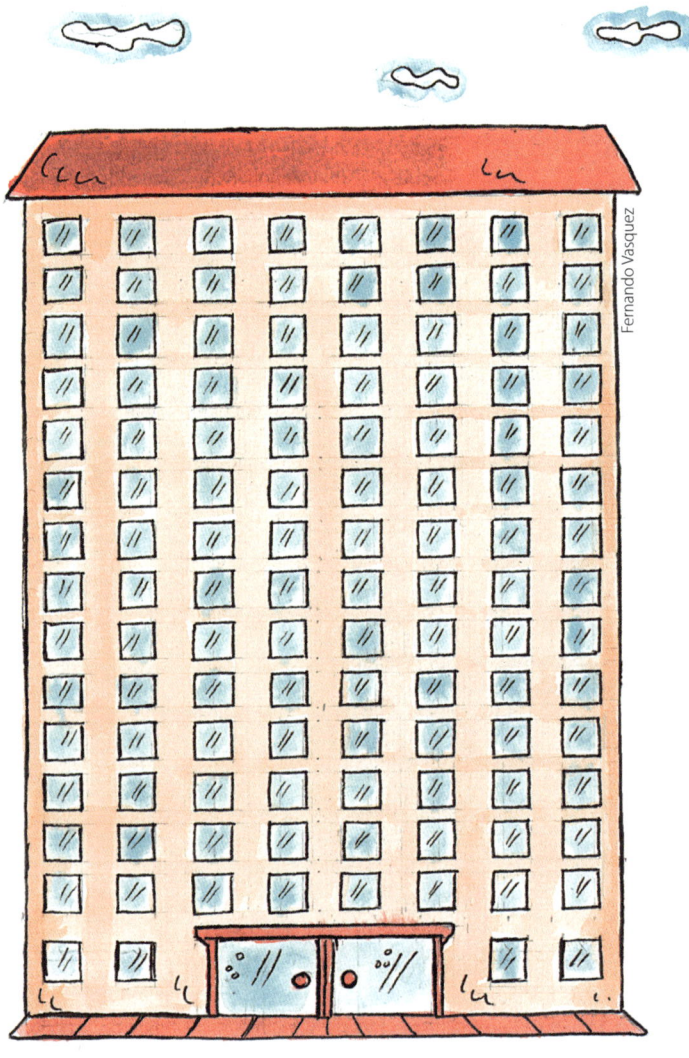

- RESPONDA.

A) QUANTOS ANDARES HÁ NESSE PRÉDIO?

___

B) SE LÍGIA MORA NO 5º ANDAR E MURILO MORA DOIS ANDARES ACIMA, EM QUAL ANDAR ELE MORA?

___

C) CAIO MORA NO ÚLTIMO ANDAR. QUE ANDAR É ESSE?

___

OBSERVANDO E CALCULANDO

1. O DONO DA LANCHONETE VAI SERVIR 15 SORVETES.

- 6 DESSES SORVETES SÃO DE MORANGO E O RESTANTE É DE CHOCOLATE. QUANTOS SÃO DE CHOCOLATE?

    RESPOSTA: _____

2. CÉLIA SEPAROU ALGUMAS FRUTAS PARA A SOBREMESA DO ALMOÇO.

- QUANTAS FRUTAS FICARAM NA MESA?

    RESPOSTA: _____

3. PAULA QUER FAZER LARANJADA PARA SERVIR NO ALMOÇO.

- ELA TEM 15 LARANJAS E QUER USAR A MESMA QUANTIDADE PARA PREPARAR 3 JARRAS DE SUCO. QUANTAS LARANJAS ELA USARÁ EM CADA UMA DAS JARRAS?

  RESPOSTA: _____

4. CÉLIA PRECISA COLOCAR 4 CADEIRAS EM CADA UMA DESTAS MESAS, PARA ATENDER SEUS CONVIDADOS.

- DE QUANTAS CADEIRAS ELA VAI PRECISAR?

  RESPOSTA: _____

GENTE QUE FAZ!

JOGO TIRA FICHAS

MATERIAL NECESSÁRIO
- 1 TABULEIRO DA FICHA 12 DO MATERIAL COMPLEMENTAR, PARA CADA JOGADOR
- 30 PEÇAS DA FICHA 12, PARA CADA JOGADOR
- 1 DADO DA FICHA 13

NÚMERO DE PARTICIPANTES
- 2 A 4 JOGADORES

OBJETIVO
- TIRAR TODAS AS FICHAS DE SEU TABULEIRO.

MODO DE JOGAR
- CADA JOGADOR DEVE COBRIR SEU PRÓPRIO TABULEIRO COM AS 30 FICHAS. O PRIMEIRO PARTICIPANTE LANÇA O DADO E RETIRA DO SEU TABULEIRO O NÚMERO DE FICHAS INDICADO NO DADO.
- GANHA QUEM RETIRAR A ÚLTIMA FICHA PRIMEIRO.

Marcos Aurélio Sismoto

NÚMERO DE FICHAS QUE RESTARAM AOS JOGADORES	
PARTICIPANTES	FICHAS NO TABULEIRO

VENCEDOR: _____

1. OBSERVE O TABULEIRO DE CADA JOGADOR E COMPLETE AS TABELAS.

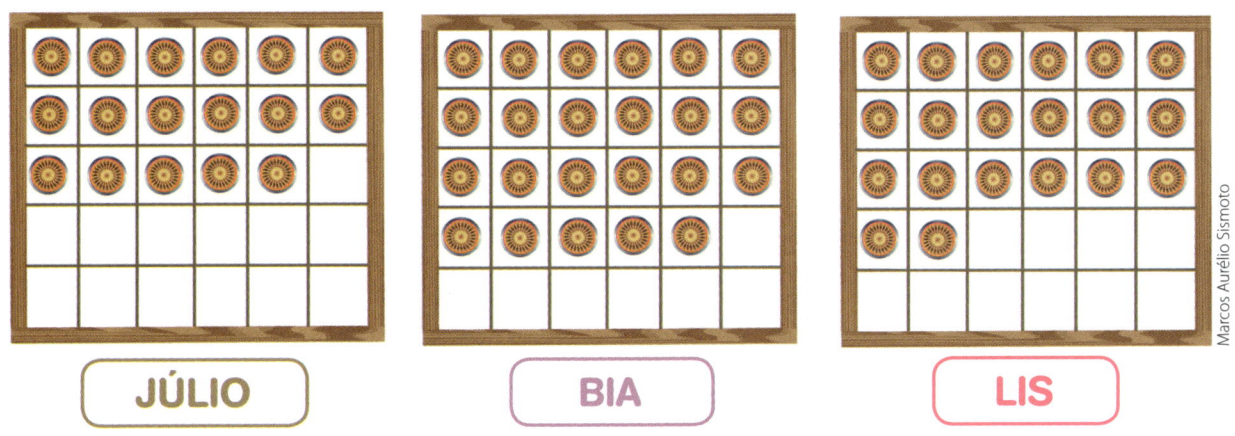

JÚLIO   BIA   LIS

A) QUANTAS FICHAS CADA JOGADOR AINDA TEM?

JOGADORES	NÚMERO DE FICHAS NO TABULEIRO
JÚLIO	
BIA	
LIS	

B) QUANTAS FICHAS CADA JOGADOR JÁ TIROU DO TABULEIRO?

JOGADORES	NÚMERO DE FICHAS TIRADAS
JÚLIO	
BIA	
LIS	

• COMO VOCÊ FEZ PARA DESCOBRIR AS FICHAS TIRADAS? CONVERSE COM OS COLEGAS E O PROFESSOR SOBRE ISSO.

PESANDO E MEDINDO

1. ASSINALE COM UM **X** OS PRODUTOS QUE NORMALMENTE PRECISAM SER PESADOS NUM SUPERMERCADO.

2. PESQUISE OUTROS PRODUTOS QUE COMPRAMOS EM QUILOGRAMAS OU GRAMAS E DESENHE EM UMA FOLHA.

3. OBSERVE ESTES PRODUTOS. ASSINALE UM **X** NA COLUNA CORRESPONDENTE À FORMA COMO NORMALMENTE SÃO VENDIDOS.

PRODUTO	QUILOGRAMAS	METROS	LITROS
leite			
linha			
feijão			
frango			
suco			
tecido			

REDE DE IDEIAS

1. COMPLETE ESTA SEQUÊNCIA COM OS NÚMEROS QUE FALTAM.

| 1 | | | | | 6 | | | 9 | |

2. OBSERVE O QUADRO E COMPLETE OS ESPAÇOS COM OS NÚMEROS QUE VÊM ANTES E DEPOIS DE CADA NÚMERO.

1	2	3	4	5	6	7	8	9	10
11	12	13	14	15	16	17	18	19	20
21	22	23	24	25	26	27	28	29	30

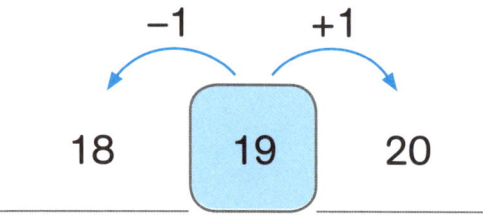

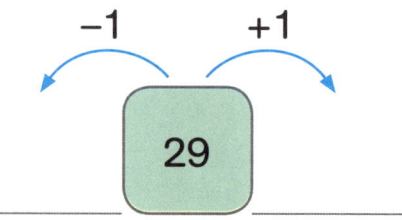

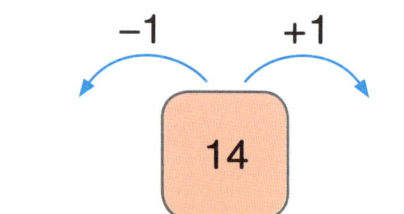

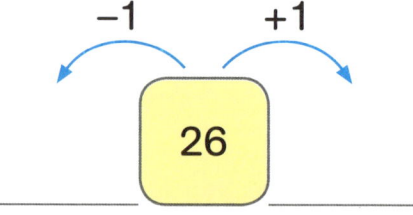

42 QUARENTA E DOIS

3. O QUE ACONTECE COM OS NÚMEROS QUE VÊM LOGO EM SEGUIDA DOS NÚMEROS TERMINADOS EM 9? CONVERSE COM OS COLEGAS E O PROFESSOR SOBRE ISSO.

4. PESQUISE PRODUTOS QUE SÃO VENDIDOS EM LITROS. NESTE ESPAÇO, DESENHE, OU RECORTE E COLE, OS PRODUTOS QUE VOCÊ ENCONTROU.

5. PESQUISE PRODUTOS QUE SÃO VENDIDOS EM METROS OU CENTÍMETROS. DESENHE, OU RECORTE E COLE.

Convivência

Vamos cooperar?

 CONVERSE COM OS COLEGAS E O PROFESSOR:

A) SOBRE AS DIFERENTES SITUAÇÕES DA CENA QUE MOSTRAM PESSOAS COOPERANDO COM OUTRAS.

B) SOBRE AS SITUAÇÕES QUE MOSTRAM QUE NÃO HOUVE COOPERAÇÃO COM O MEIO AMBIENTE OU COM A COMUNIDADE.

QUANTO MAIS COOPERAMOS, MAIS CONTRIBUÍMOS PARA QUE TUDO FIQUE MELHOR.

 TROQUE IDEIAS COM OS COLEGAS E O PROFESSOR:

A) COMO VOCÊ PODE COOPERAR NA ESCOLA?

B) COMO VOCÊ PODE COOPERAR EM SUA SALA DE AULA?

 FAÇA UM DESENHO QUE MOSTRE VOCÊ AJUDANDO ALGUM COLEGA NA CLASSE.

 O PROFESSOR ORGANIZARÁ UMA CONVERSA SOBRE AS DIFERENTES FORMAS DE COOPERAR – AJUDAR UNS AOS OUTROS – EM CLASSE.

A) QUANTAS FORMAS DIFERENTES E POSSÍVEIS FORAM ENCONTRADAS?

B) FAÇA CARTAZES E ESPALHE ESTAS AÇÕES PELA ESCOLA.

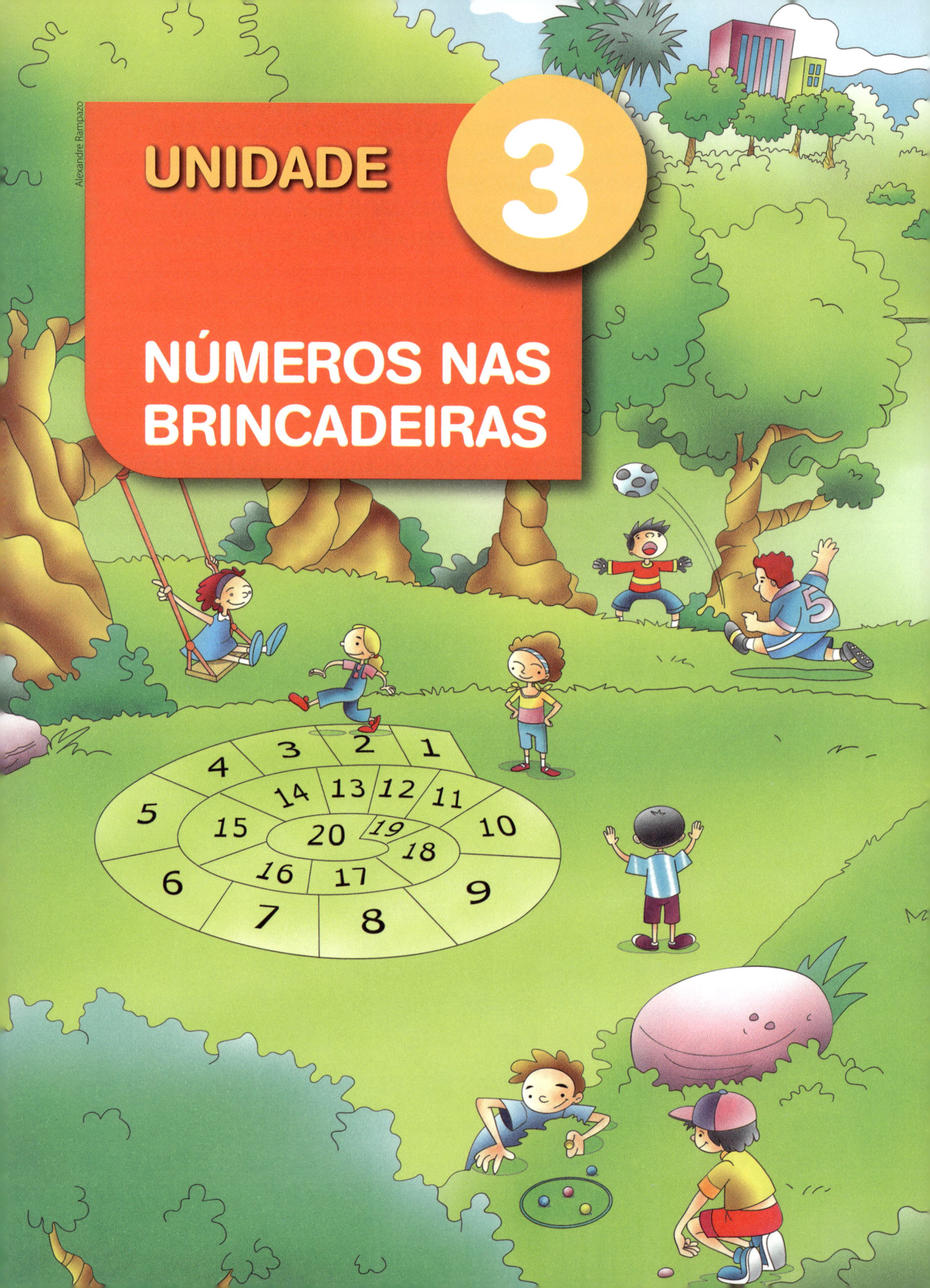

IMAGEM E CONTEXTO

1. VOCÊ CONHECE TODAS ESSAS BRINCADEIRAS? QUAIS SÃO SUAS BRINCADEIRAS PREDILETAS? CONVERSE COM OS COLEGAS E O PROFESSOR SOBRE ISSO.

2. QUANTOS NÚMEROS HÁ NA AMARELINHA? _____

3. QUAL O MAIOR NÚMERO DO CARACOL? _____

BRINCANDO COM NÚMEROS

1. OBSERVE O DESENHO DE UMA AMARELINHA E RESPONDA:

A) QUAL NÚMERO ESTÁ NO INÍCIO DO JOGO? _____

B) QUAL NÚMERO ESTÁ NO FINAL DO JOGO? _____

C) QUANTOS NÚMEROS TEM ESSA AMARELINHA? _____

2. DESENHE UMA AMARELINHA NO PÁTIO DE SUA ESCOLA E BRINQUE COM OS COLEGAS E O PROFESSOR. DEPOIS, RESPONDA ÀS QUESTÕES SOBRE A BRINCADEIRA.

A) ATÉ QUE NÚMERO VOCÊ CHEGOU? _____

B) ATÉ QUE NÚMERO CHEGARAM OS COLEGAS? _____

C) QUEM GANHOU A BRINCADEIRA? _____

3. COMPLETE ESTAS OUTRAS AMARELINHAS COM OS NÚMEROS QUE FALTAM.

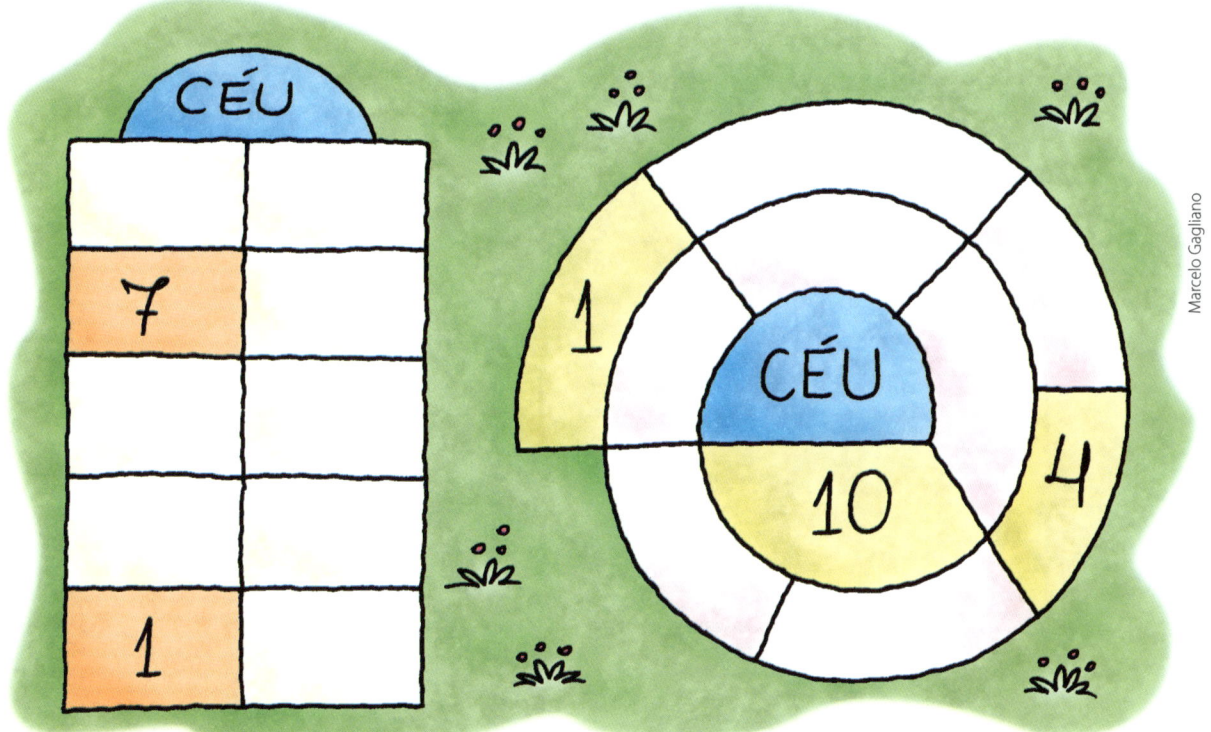

4. ALGUNS MENINOS JOGAVAM AMARELINHA NO PÁTIO DA ESCOLA. VEJA EM QUE CASA CADA UM PAROU.

NOME	CASA
CAIO	8
VÍTOR	6
LEO	9
MIGUEL	7
BRUNO	10

A) QUEM GANHOU A AMARELINHA?
_____

B) ATÉ QUE NÚMERO ELE CHEGOU?
_____

C) ELE CHEGOU QUANTOS NÚMEROS À FRENTE DE CAIO?
_____

5. CRIE UMA PERGUNTA SOBRE A TABELA PARA UM COLEGA RESPONDER.

USANDO O CALENDÁRIO

1. OBSERVE ESTE CALENDÁRIO ANUAL E FAÇA O QUE SE PEDE.

A) CIRCULE O MÊS EM QUE ESTAMOS.

B) FAÇA UM **X** NO DIA DE HOJE.

C) CIRCULE O DIA DO SEU ANIVERSÁRIO.

D) ESCREVA O DIA, O MÊS E O ANO EM QUE VOCÊ NASCEU.

_____

_____

2. COMPLETE O CALENDÁRIO COM A AJUDA DO PROFESSOR.

MÊS DE _____ DE _____

DOMINGO	SEGUNDA	TERÇA	QUARTA	QUINTA	SEXTA	SÁBADO

● RESPONDA.

A) EM QUE DIA DO MÊS ESTAMOS? _____

B) QUE DIA DA SEMANA É HOJE? _____

C) QUANTOS DIAS TEM ESTE MÊS? _____

D) QUANTOS DIAS FALTAM PARA TERMINAR ESTE MÊS? _____

E) QUANTOS MESES FALTAM PARA ACABAR O ANO? _____

CINQUENTA E UM 51

FORMAS E TAMANHOS

1. PINTE COM A MESMA COR AS FIGURAS QUE TÊM A MESMA FORMA.

2. AGORA PINTE COM A MESMA COR AS FIGURAS QUE TÊM A MESMA FORMA E TAMANHO.

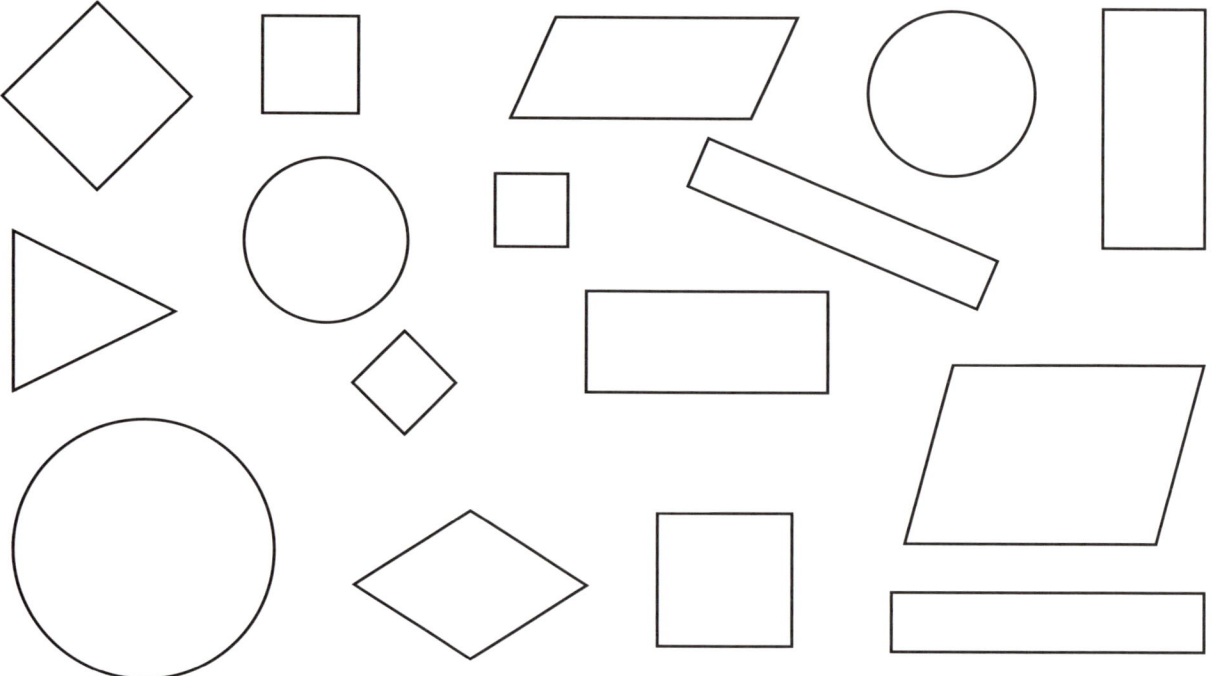

3. QUANTOS ☐ HÁ EM CADA UMA DAS FIGURAS DESENHADAS NESTA MALHA QUADRICULADA? CONTE E ANOTE.

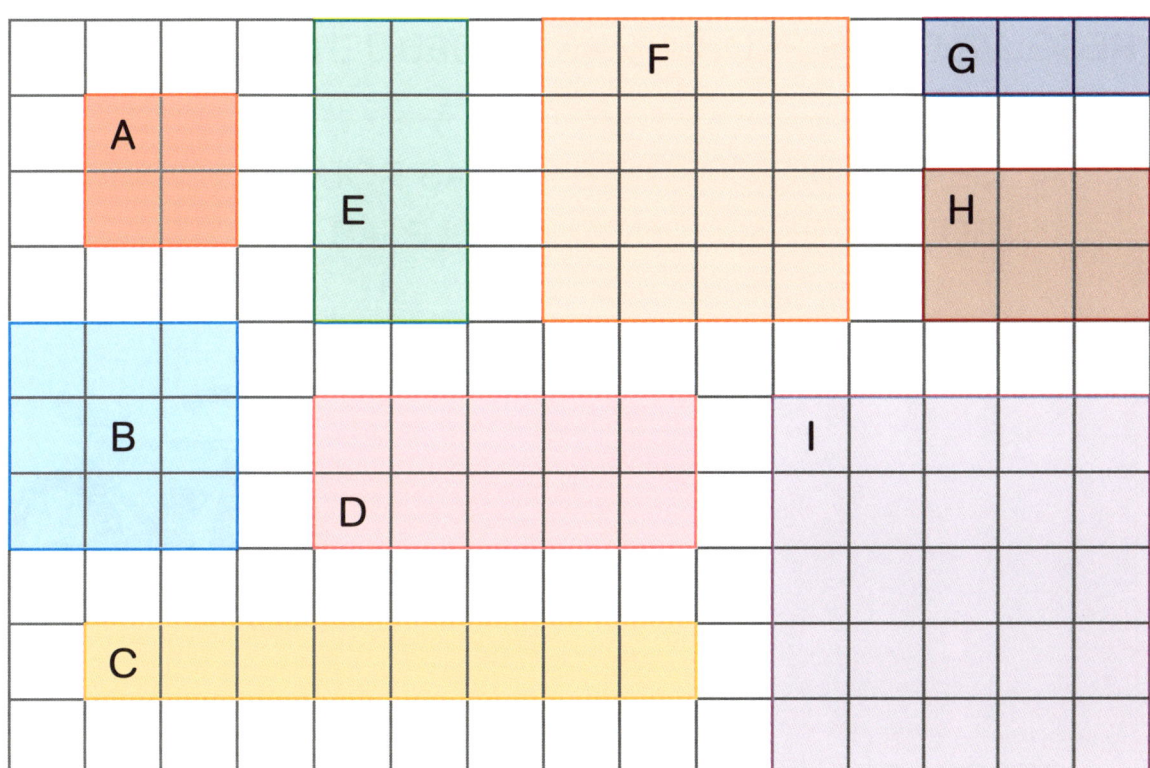

4. DESENHE NESTA MALHA DIFERENTES FIGURAS COM 4, 5 E 6 QUADRADINHOS.

RESOLVENDO PROBLEMAS

1. RESOLVA ESTES PROBLEMAS DO SEU JEITO.

A) SE UMA BICICLETA TEM DUAS RODAS, QUANTAS RODAS TERÃO CINCO BICICLETAS JUNTAS?

RESPOSTA: _____

B) MAMÃE COLHEU 12 FLORES DO JARDIM PARA COLOCAR EM 3 VASOS. CADA VASO DEVE TER A MESMA QUANTIDADE DE FLORES. QUANTAS FLORES FICARÃO EM CADA VASO?

RESPOSTA: _____

2. OBSERVE COMO JOÃO E ANA RESOLVERAM O PROBLEMA DAS FLORES.

 CONVERSE COM OS COLEGAS E O PROFESSOR SOBRE A FORMA COMO JOÃO E ANA RESOLVERAM O PROBLEMA E RESPONDA.

A) ALGUMA DAS FORMAS É PARECIDA COM A SUA? _____

B) QUAL FORMA VOCÊ ACHOU MAIS FÁCIL? _____

PULANDO E CONTANDO!

1. VOCÊ CONHECE ESTA QUADRINHA CANTADA PARA PULAR CORDA?

SALADA, SALADINHA
BEM TEMPERADINHA
COM SAL, PIMENTA
1, 2, 3, 4, 5, 6, 7, 8, 9, 10...

2. REALIZE ESSA E OUTRAS BRINCADEIRAS DE CORDA COM OS COLEGAS E O PROFESSOR. DEPOIS, RESPONDA.

A) NA **SALADA, SALADINHA**, ATÉ QUE NÚMERO VOCÊ PULOU? _____

B) QUEM DA CLASSE PULOU MAIS? _____

C) EM QUAL NÚMERO PAROU QUEM PULOU MAIS? _____

3. ESCREVA COMO FOI A BRINCADEIRA DE PULAR CORDA.

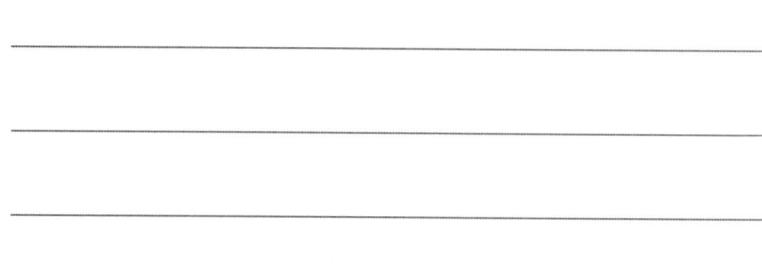

4. A TABELA MOSTRA QUANTOS PULOS ALGUMAS CRIANÇAS DERAM QUANDO BRINCAVAM DE CORDA. RESPONDA.

CRIANÇAS	PULOS
GISELE	23
MARA	31
ARI	19
PEDRO	43
RENATA	38

A) QUEM PULOU MAIS?
___

B) QUANTOS PULOS DEU?
___

C) QUEM PULOU MENOS?
___

D) QUANTOS PULOS DEU?
___

5. COMPLETE A TABELA, ORGANIZANDO DE ACORDO COM O NÚMERO DE PULOS QUE CADA CRIANÇA DEU. COMECE PELA CRIANÇA QUE PULOU MENOS E VÁ ATÉ A CRIANÇA QUE PULOU MAIS.

CRIANÇAS	PULOS
ARI	19

CALCULANDO UM POUCO MAIS

1. FAÇA RISQUINHOS PARA REPRESENTAR A QUANTIDADE QUE CADA CRIANÇA CONTOU.

ANOTE AQUI: _____

ANOTE AQUI: _____

2. RESPONDA.
LIA PULOU CORDA ATÉ O NÚMERO 15 E VERA PULOU ATÉ O NÚMERO 20.

A) QUEM PULOU MAIS? _____

B) QUANTOS PULOS ELA CONSEGUIU A MAIS? _____

3. COMPLETE ESTA SEQUÊNCIA DE NÚMEROS.

2 → 4 → 6 → ___ → ___ → ___

→ ___ → ___ → ___ → ___ → ___

4. O PROFESSOR IRÁ DITAR ALGUNS NÚMEROS. MARQUE ESSES NÚMEROS NA TABELA.

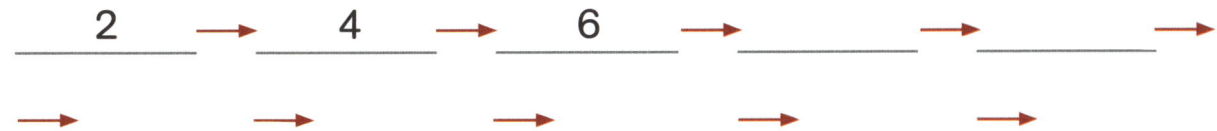

1	2	3	4	5	6	7	8	9	10
11	12	13	14	15	16	17	18	19	20
21	22	23	24	25	26	27	28	29	30
31	32	33	34	35	36	37	38	39	40
41	42	43	44	45	46	47	48	49	50

5. CONFIRA COM UM COLEGA OS NÚMEROS QUE VOCÊ MARCOU. COPIE ESSES NÚMEROS EM ORDEM DECRESCENTE (DO MAIOR PARA O MENOR).

MAIOR NÚMERO

MENOR NÚMERO

CINQUENTA E NOVE **59**

MALHAS QUADRICULADAS

1. LIGUE OS NÚMEROS EM ORDEM CRESCENTE PARA FORMAR FIGURAS.

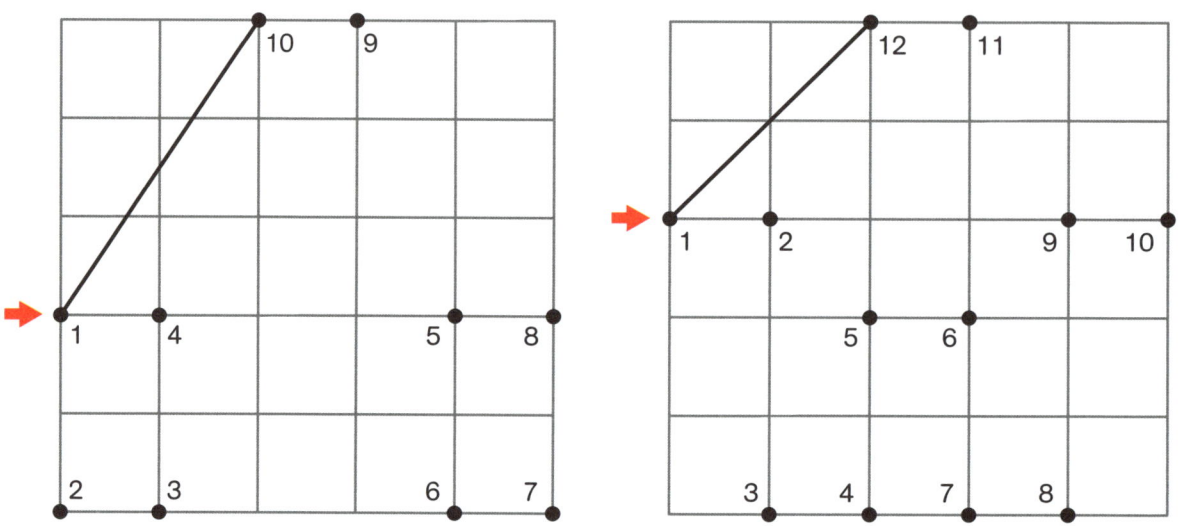

2. MARQUE O CAMINHO CONTANDO DE 3 EM 3 E LEVE O CAVALO ATÉ O ESTÁBULO.

3	2	13	29	20	26
7	6	9	18	21	11
5	1	12	15	24	40
19	16	25	17	27	30

3. CONTE QUANTOS LADOS DE QUADRADINHOS TEM O TRAJETO QUE CADA TARTARUGA FEZ E ANOTE NO QUADRINHO AO LADO DE CADA UMA.

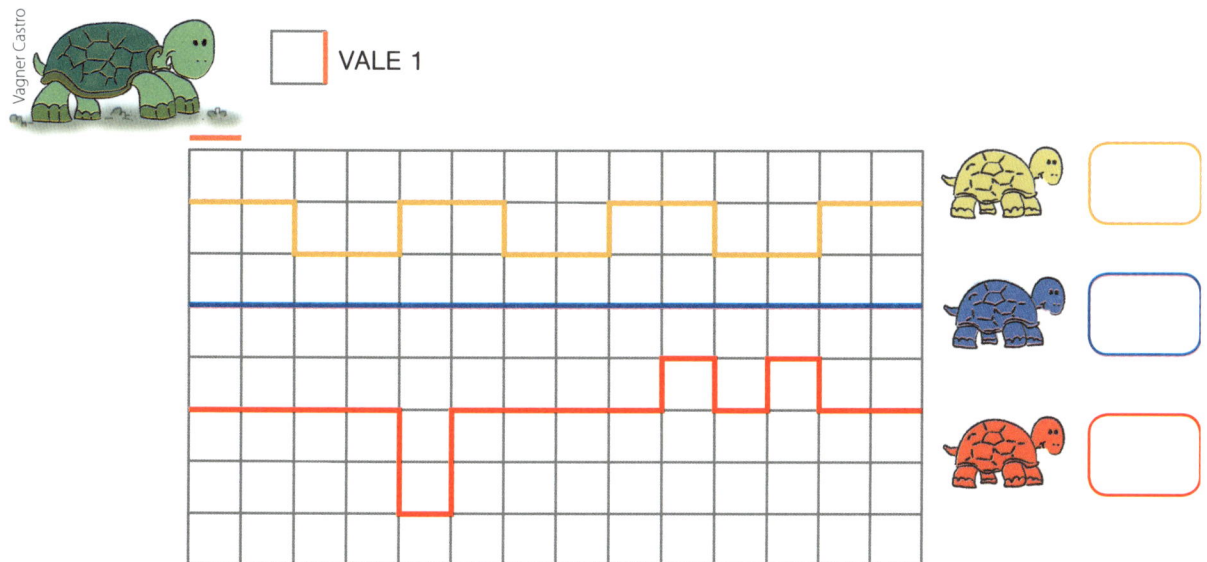

4. TRACE OS CAMINHOS DE CADA TARTARUGA, PARTINDO DO PONTO ASSINALADO.

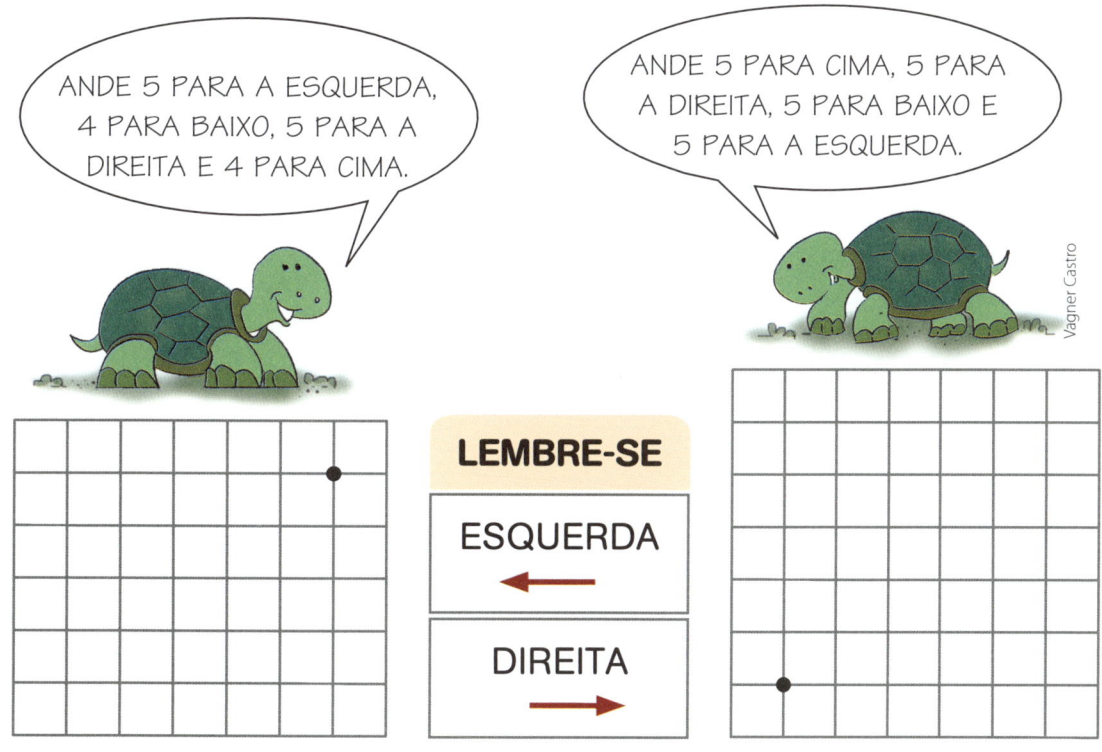

- QUE FIGURAS VOCÊ FORMOU?

SESSENTA E UM **61**

MAIS PROBLEMAS!

1. RESOLVA ESTES PROBLEMAS.

A) LUÍSA TEM UM PAR DE MEIAS VERMELHAS E UM PAR DE MEIAS BRANCAS PARA USAR COM SEU SAPATO OU COM SEU TÊNIS. DE QUANTAS FORMAS DIFERENTES ELA PODE COMBINAR OS PARES DE MEIAS E OS CALÇADOS PARA PASSEAR?

RESPOSTA: _____

B) JONAS TEM 12 BALAS PARA DIVIDIR IGUALMENTE ENTRE ELE E SEU IRMÃO. COM QUANTAS BALAS CADA UM FICARÁ?

RESPOSTA: _____

C) UM PACOTINHO VEM COM 5 FIGURINHAS. VITÓRIA COMPROU 5 PACOTINHOS. COM QUANTAS FIGURINHAS VITÓRIA FICOU?

RESPOSTA: _____

D) CATARINA TINHA UM ESTOJO COM 24 LÁPIS DE COR, MAS PERDEU 6 LÁPIS NA ESCOLA. COM QUANTOS LÁPIS CATARINA FICOU?

RESPOSTA: _____

REDE DE IDEIAS

1. CANTE COM OS COLEGAS E O PROFESSOR.

1, 2, 3 INDIOZINHOS,
4, 5, 6 INDIOZINHOS,
7, 8, 9 INDIOZINHOS,
10 NUM PEQUENO BOTE.
IAM NAVEGANDO
PELO RIO ABAIXO
QUANDO UM JACARÉ
SE APROXIMOU,
E O PEQUENO BOTE
DOS INDIOZINHOS,
QUASE, QUASE VIROU.
MAS NÃO VIROU!

Marcelo Gagliano

2. FAÇA O QUE SE PEDE.

A) COPIE OS NÚMEROS QUE APARECEM NA CANÇÃO.

_____

B) CIRCULE NA ILUSTRAÇÃO O INDIOZINHO QUE ESTÁ ENTRE O 3º E O 5º, CONTANDO DA ESQUERDA PARA A DIREITA.

3. OBSERVE A ILUSTRAÇÃO.

- COMPLETE O BOTE COM DESENHOS ATÉ QUE ELE FIQUE COM 10 INDIOZINHOS.

4. LIGUE OS INDIOZINHOS AOS BOTES DE FORMA QUE CADA BOTE FIQUE COM O MESMO NÚMERO DE PESSOAS.

UNIDADE 4

NOSSAS CASAS – MUITAS FORMAS

Tarsila do Amaral – *O mamoeiro*, 1925. Óleo sobre tela, 65 x 70 cm. Coleção Mario de Andrade – IEB – USP

IMAGEM E CONTEXTO

A OBRA RETRATA PARTE DE UMA CIDADE, DE UM BAIRRO OU ATÉ DE UM VILAREJO.

1. O LUGAR ONDE VOCÊ MORA TEM ALGO PARECIDO COM ESSE? CONTE AOS COLEGAS E AO PROFESSOR.

2. TENTE LOCALIZAR FIGURAS GEOMÉTRICAS NESSA OBRA DE ARTE. FAÇA ISSO COM OS COLEGAS E O PROFESSOR.

3. DESENHE EM UMA FOLHA À PARTE AS FIGURAS GEOMÉTRICAS QUE VOCÊ LOCALIZOU E ESCREVA OS NOMES DAS FIGURAS QUE VOCÊ SOUBER. DEPOIS, EXPONHA SEU DESENHO NO MURAL DA SALA.

DOBRANDO E CRIANDO

1. RECORTE OS CÍRCULOS QUE ESTÃO NA FICHA 14 DO MATERIAL COMPLEMENTAR E PREPARE-SE PARA FAZER UMA LINDA DOBRADURA JUNTO COM OS COLEGAS E O PROFESSOR.

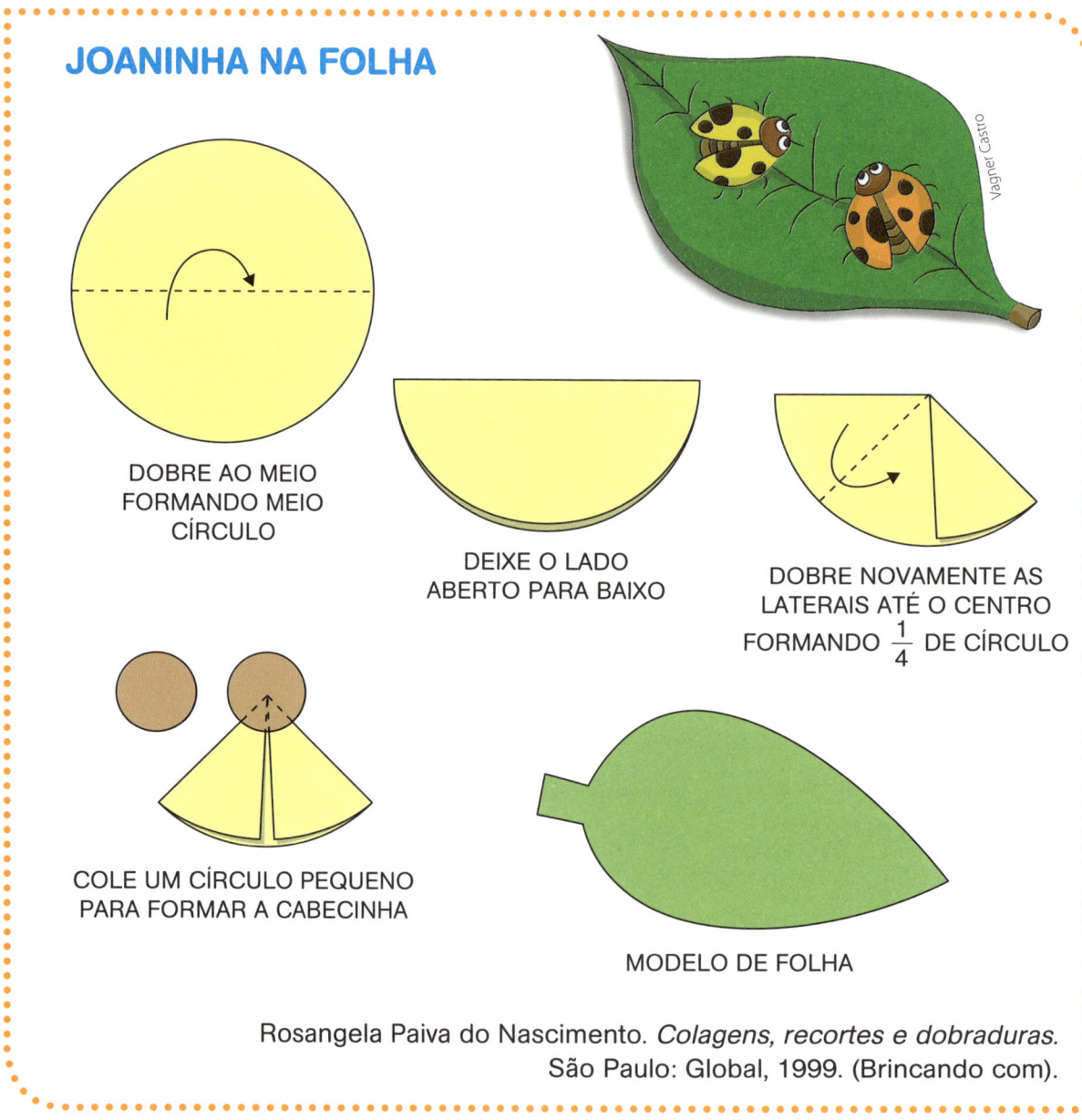

Rosangela Paiva do Nascimento. *Colagens, recortes e dobraduras*. São Paulo: Global, 1999. (Brincando com).

2. COLE SUA JOANINHA EM UMA FOLHA À PARTE E COMPLETE A CENA COM LÁPIS DE COR OU CANETINHAS.

3. RECORTE AS FIGURAS GEOMÉTRICAS DA FICHA 10 DO MATERIAL COMPLEMENTAR E COLE ESSAS FIGURAS FORMANDO UM OU MAIS DESENHOS.

4. RESPONDA.

A) QUANTAS FIGURAS VOCÊ USOU? _____

B) QUANTAS FIGURAS VOCÊ FORMOU? _____

C) QUAIS FIGURAS VOCÊ USOU? DESENHE NO CADERNO.

PROBLEMAS À VISTA

1. JUNTE-SE A UM COLEGA E RESOLVAM ESTES PROBLEMAS. VOCÊS PODEM DESENHAR OU FAZER UMA MARCA PARA CADA OBJETO.

A) MARINA FRITOU 12 PASTÉIS DE CARNE E 6 DE QUEIJO. QUANTOS PASTÉIS MARINA FRITOU?

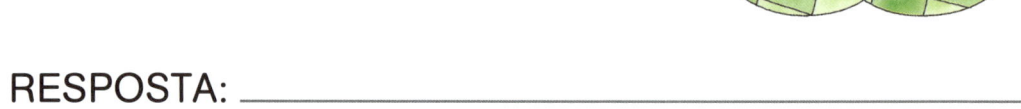

RESPOSTA: _____

B) LUCAS E ANDRÉ COMERAM ALGUNS PASTÉIS. QUANDO MARINA CHEGOU, SÓ ENCONTROU 14 PASTÉIS. QUANTOS PASTÉIS ELES COMERAM?

RESPOSTA: _____

C) MARINA COMPROU 2 PACOTES DE BISCOITOS. EM CADA PACOTE HÁ 12 BISCOITOS. QUANTOS BISCOITOS HÁ NOS 2 PACOTES?

RESPOSTA: _____

D) MARINA DIVIDIU OS BISCOITOS EM SAQUINHOS. COLOCOU 4 BISCOITOS EM CADA SAQUINHO PARA OS FILHOS LEVAREM À ESCOLA. QUANTOS SAQUINHOS MARINA FEZ?

RESPOSTA: _____

CONTANDO E COMPLETANDO

1. RELEMBRE A PARLENDA ABAIXO COM OS COLEGAS E O PROFESSOR. DEPOIS, COMPLETE COM OS NÚMEROS QUE FALTAM.

_____ , _____ , FEIJÃO COM ARROZ,

_____ , _____ , FEIJÃO NO PRATO,

_____ , _____ , FEIJÃO INGLÊS,

_____ , _____ , COMER BISCOITO,

_____ , _____ , COMER PASTÉIS.

2. COMPLETE A QUANTIDADE DE BISCOITOS E PASTÉIS PARA QUE CADA CRIANÇA RECEBA UM DE CADA.

3. OBSERVE CADA ILUSTRAÇÃO E RESPONDA ÀS QUESTÕES.

A) O QUE TEM MAIS, CARROS OU CASAS? _____

B) QUANTOS CARROS? _____

C) QUANTAS CASAS? _____

D) O QUE TEM MAIS, PASSARINHOS OU BORBOLETAS?
_____

E) QUANTOS PASSARINHOS? _____

F) QUANTAS BORBOLETAS? _____

ORDENANDO QUANTIDADES

1. CONVERSE COM OS COLEGAS SOBRE AS BRINCADEIRAS DE QUE VOCÊS GOSTAM.

A) DESENHE A SUA BRINCADEIRA PREFERIDA.

B) QUAL O NOME DA SUA BRINCADEIRA PREFERIDA?

_____

2. QUAIS SÃO AS BRINCADEIRAS PREFERIDAS PELOS COLEGAS? COMPLETE O QUADRO E RESPONDA.

ORDEM	BRINCADEIRA	QUANTOS VOTOS
1º LUGAR		
2º LUGAR		
3º LUGAR		
4º LUGAR		

A) QUAL FOI A BRINCADEIRA MAIS VOTADA? _____

B) QUANTAS CRIANÇAS VOTARAM NELA? _____

3. COM OS COLEGAS E O PROFESSOR, MONTE UM GRÁFICO DAS BRINCADEIRAS PREFERIDAS DA TURMA. PINTE UM QUADRINHO PARA CADA VOTO, COMEÇANDO DE BAIXO PARA CIMA.

BRINCADEIRAS PREFERIDAS DA MINHA TURMA

BRINCADEIRA

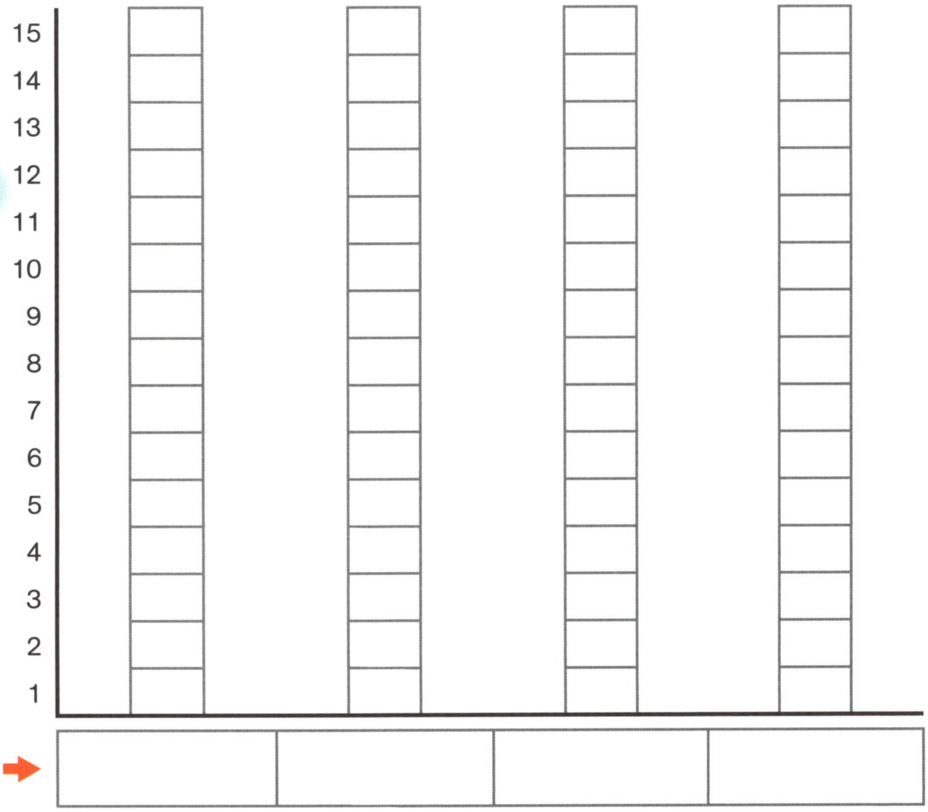

- CONVERSE COM OS COLEGAS E O PROFESSOR SOBRE AS INFORMAÇÕES QUE PODEM SER LIDAS NO GRÁFICO.

VOCÊ SABIA?

ESSE GRÁFICO CHAMA-SE **GRÁFICO DE BARRAS** OU **DE COLUNAS**.

EXPLORANDO EMBALAGENS

1. VAMOS ABRIR UMA EMBALAGEM E OBSERVAR AS PARTES QUE A COMPÕEM.

A) ESCOLHA UMA CAIXA DE CREME DENTAL OU OUTRA SEMELHANTE. ABRA A CAIXA E DESCOLE OS LADOS.

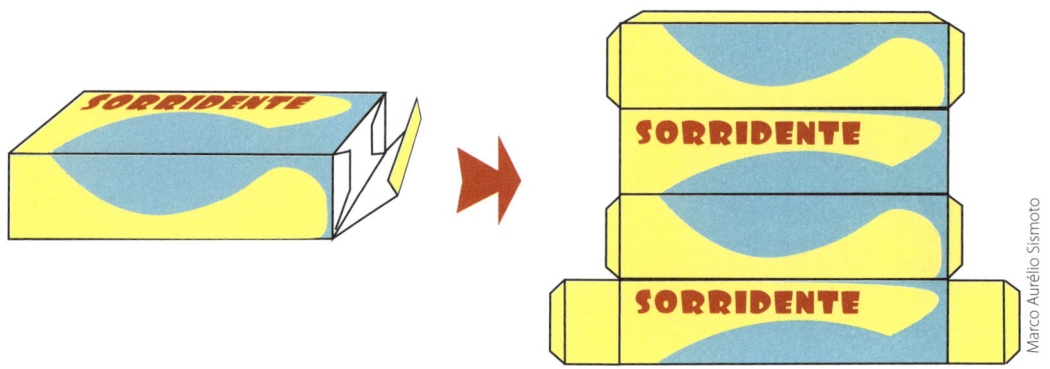

VOCÊ SABIA?

AS **FACES** DE UM SÓLIDO SÃO AS PARTES QUE FORMAM SUA SUPERFÍCIE. OBSERVE:

ESTA É UMA DAS FACES DO SÓLIDO, QUE TEM 6 FACES.

B) QUANTAS FACES VOCÊ ACHOU DE CADA FORMA?

FACES	QUANTIDADE
CIRCULARES ⚪	
QUADRADAS ▫	
RETANGULARES ▭	
TRIANGULARES △	

76 SETENTA E SEIS

2. VAMOS FAZER UMA CONSTRUÇÃO USANDO EMBALAGENS?

A) OBSERVE AS EMBALAGENS QUE ROLAM E PODEM SERVIR DE RODAS, AS EMBALAGENS QUE SE ENCAIXAM OU SE EMPILHAM E FAÇA UMA CONSTRUÇÃO. VEJA ALGUNS EXEMPLOS.

TRENZINHO   FOGUETE   CAMA

B) DESENHE A CONSTRUÇÃO QUE VOCÊ FEZ.

NÚMEROS QUE INDICAM TAMANHO

1. COMPLETE A TABELA COM O NOME DE ALGUNS COLEGAS DA CLASSE E COM A ALTURA QUE ELES TÊM.

NOME	ALTURA

- COLOQUE OS NÚMEROS QUE INDICAM AS ALTURAS EM ORDEM CRESCENTE (DO MENOR PARA O MAIOR).

_____

_____

2. ESCOLHA 3 PESSOAS QUE MORAM COM VOCÊ E ANOTE NA TABELA OS NÚMEROS DOS SAPATOS QUE ELAS USAM.

NOME	NÚMERO DO SAPATO

3. ESCREVA OS NÚMEROS DOS SAPATOS EM ORDEM DECRESCENTE (DO MAIOR PARA O MENOR).

_____

4. VEJA OS NÚMEROS DOS SAPATOS DESTAS PESSOAS. CIRCULE O NÚMERO MAIOR DE CADA DUPLA.

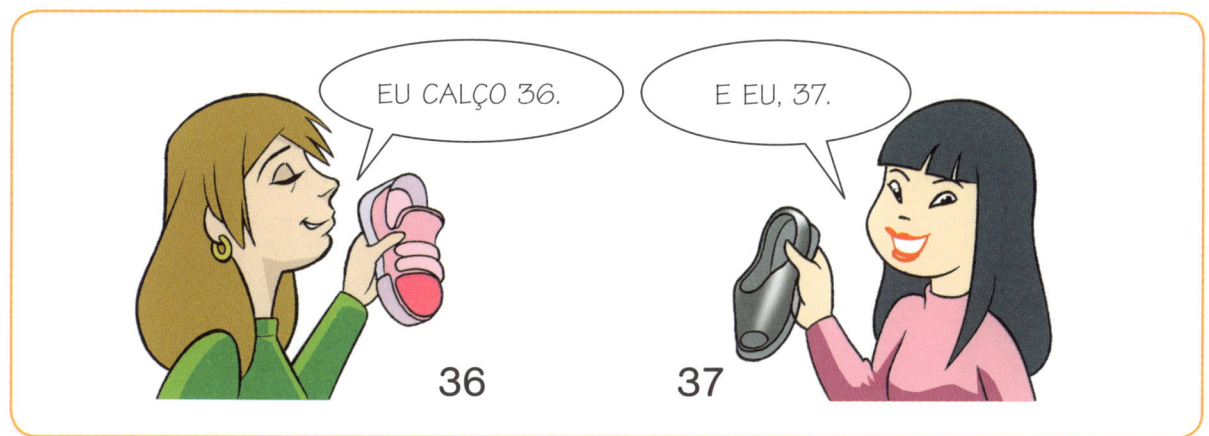

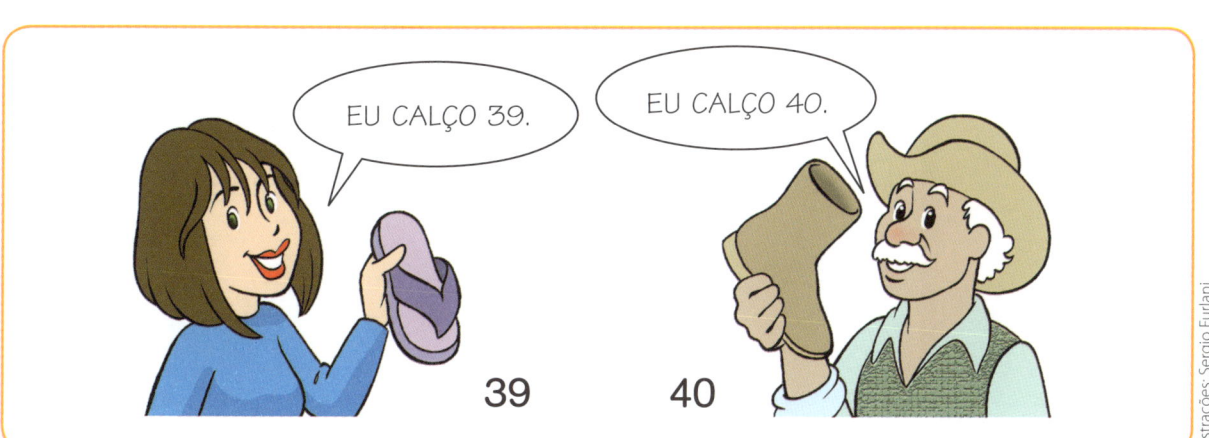

VAMOS MEDIR?

1. OBSERVE ESTAS UNIDADES DE MEDIDA.

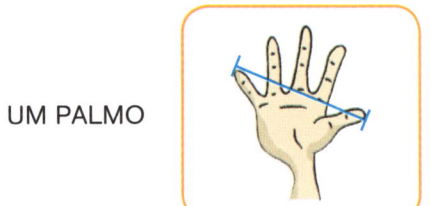 UM PALMO

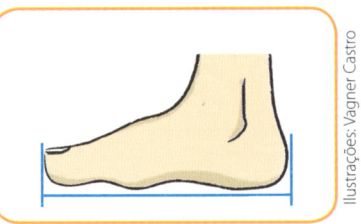 UM PÉ

- USANDO O PALMO E O PÉ COMO UNIDADES DE MEDIDA, IMAGINE QUANTO MEDEM ESTES OBJETOS.

LARGURA

A) A LARGURA DO SEU LIVRO DE MATEMÁTICA EM  _____

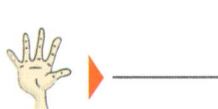
COMPRIMENTO
ALTURA

B) O COMPRIMENTO DA SUA MESA EM  _____

C) A ALTURA DA SUA MESA EM _____

LARGURA

D) A LARGURA DA PORTA DA SUA SALA DE AULA

EM  _____ E EM _____

2. JÚLIA E ANTÔNIO RESOLVERAM MEDIR A ALTURA E O COMPRIMENTO DE ALGUNS DE SEUS BRINQUEDOS. COMO NÃO TINHAM RÉGUA OU FITA MÉTRICA, USARAM CAIXINHAS DE FÓSFOROS PARA MEDIR.

- OBSERVE QUANTAS CAIXINHAS CADA BRINQUEDO MEDIU E ANOTE ABAIXO DE CADA UM.

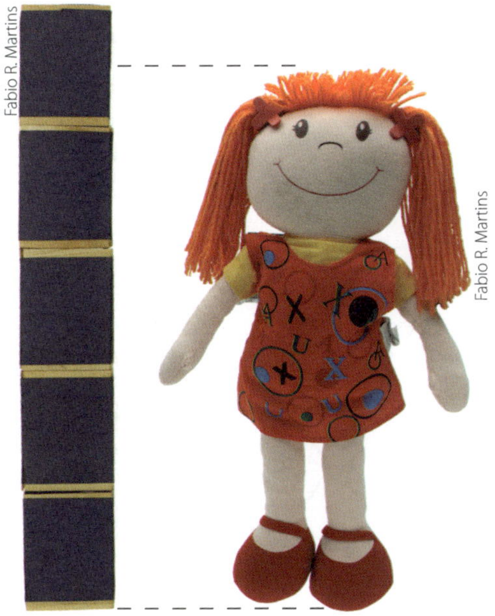
Fabio R. Martins

_______ CAIXINHAS

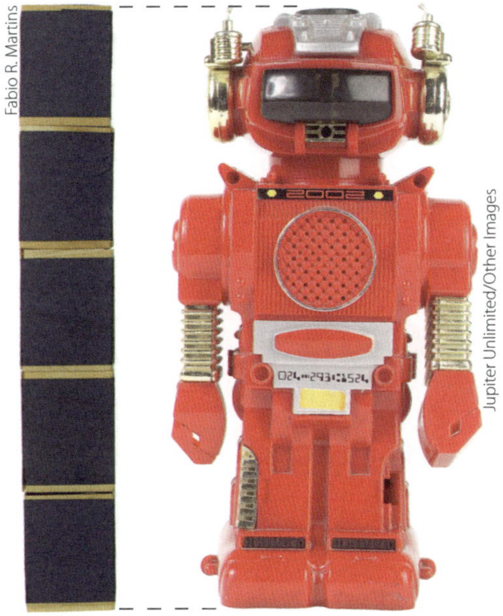
Fabio R. Martins
Jupiter Unlimited/Other Images

_______ CAIXINHAS

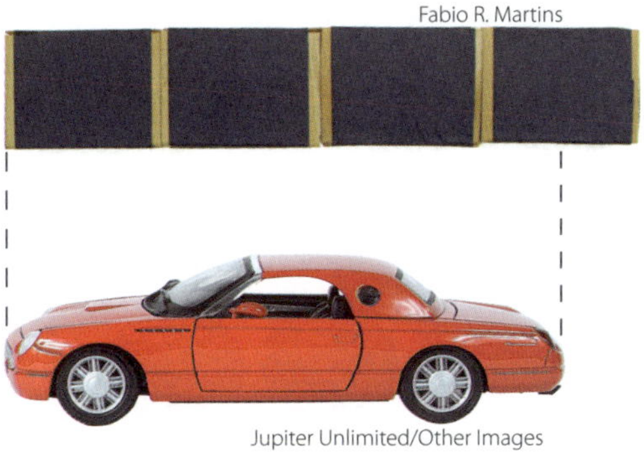
Fabio R. Martins
Jupiter Unlimited/Other Images

_______ CAIXINHAS

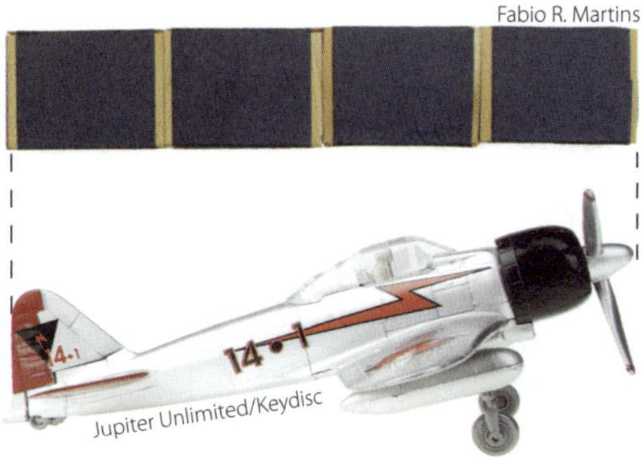
Fabio R. Martins
Jupiter Unlimited/Keydisc

_______ CAIXINHAS

Rede de Ideias

1. PINTE DE ACORDO COM O QUE SE PEDE.

 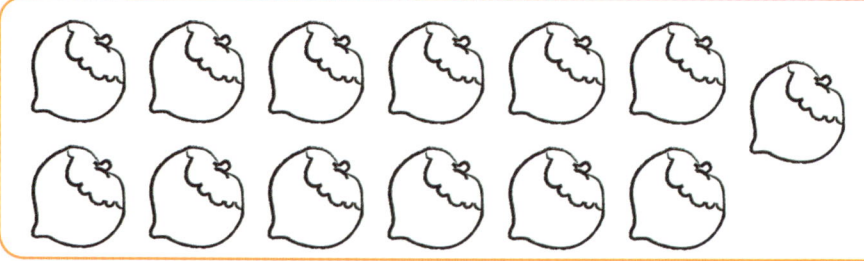

2. FORME GRUPOS DE 10 MELANCIAS.

3. RESPONDA DE ACORDO COM A ATIVIDADE 2.

A) QUANTOS GRUPOS VOCÊ FORMOU? _____

B) QUANTAS MELANCIAS SOBRARAM? _____

C) QUANTAS MELANCIAS HÁ AO TODO? _____

D) QUANTAS MELANCIAS SERIAM NECESSÁRIAS PARA FORMAR MAIS UM GRUPO? _____

4. OBSERVE O QUADRO NUMÉRICO.

1	2	3	4	5	6	7	8	9	10
11	12	13	14	15	16	17	18	19	20
21	22	23	24	25	26	27	28	29	30
31	32	33	34	35	36	37	38	39	40
41	42	43	44	45	46	47	48	49	50

• RESPONDA ESTAS QUESTÕES.

A) QUAL O MAIOR NÚMERO DE 1 ALGARISMO? _____

B) QUAL O MENOR NÚMERO COM 2 ALGARISMOS IGUAIS?

_____

C) QUAL O MAIOR NÚMERO DE 2 ALGARISMOS? _____

D) QUAL O MAIOR NÚMERO DE 2 ALGARISMOS IGUAIS?

_____

CONVIVÊNCIA

O USO DA ÁGUA

OBSERVE ESTA ILUSTRAÇÃO.

1 CONVERSE COM OS COLEGAS E O PROFESSOR.

A) POR QUE É IMPORTANTE TOMAR BANHO?

B) O QUE ESTÁ ACONTECENDO NESSA CENA QUE NÃO DEVERIA ACONTECER?

2 DESENHE A MESMA SITUAÇÃO DA CENA ANTERIOR EM DOIS MOMENTOS, DE FORMA QUE A CRIANÇA POSSA FAZER TUDO ADEQUADAMENTE.

ECONOMIZANDO ÁGUA

 CONVERSE COM OS COLEGAS E O PROFESSOR SOBRE A IMPORTÂNCIA DE ECONOMIZAR ÁGUA NOS DIAS ATUAIS.

- COMO VOCÊ E OS COLEGAS PODEM ECONOMIZAR A ÁGUA UTILIZADA NA ESCOLA? O PROFESSOR ESCREVERÁ NA LOUSA TODAS AS FORMAS DE ECONOMIZAR ÁGUA QUE VOCÊS DISSEREM.

 ESCOLHA E DESENHE DUAS DESSAS FORMAS DE ECONOMIZAR ÁGUA.

VOCÊ SABIA?

AO TOMAR UM BANHO DE 4 MINUTOS, UMA PESSOA CONSOME, EM MÉDIA, 40 LITROS DE ÁGUA.

IMAGEM E CONTEXTO

1. CONVERSE COM OS COLEGAS E O PROFESSOR SOBRE ESTAS QUESTÕES.

    A) VOCÊ MORA EM CASA OU APARTAMENTO?

    B) QUAL É O NÚMERO DE SUA MORADIA?

    C) QUANTAS PESSOAS MORAM COM VOCÊ?

2. ESCREVA ALGUMAS DAS SITUAÇÕES EM QUE OS NÚMEROS FORAM USADOS NA ILUSTRAÇÃO.

   _____

   _____

   _____

   _____

MEXENDO COM DINHEIRO

UTILIZE AS NOTAS E MOEDAS DAS FICHAS 6, 7, 8 E 9 DO MATERIAL COMPLEMENTAR PARA REALIZAR ESTA ATIVIDADE E AS DAS PÁGINAS SEGUINTES.

1. QUANTO CADA CRIANÇA TEM NA CARTEIRA? CONTE O VALOR DAS CÉDULAS E ESCREVA O TOTAL.

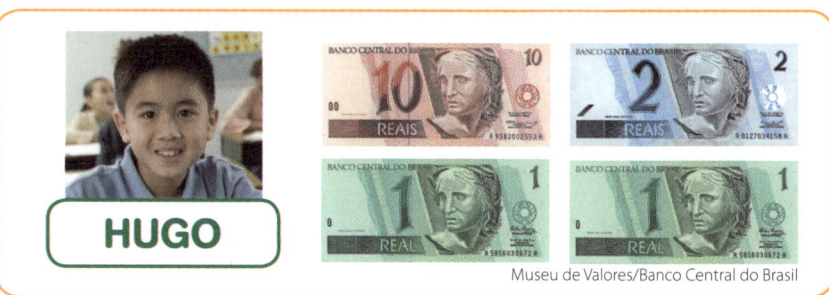

_____ REAIS

_____ REAIS

_____ REAIS

_____ REAIS

2. OBSERVE O PREÇO DOS BRINQUEDOS.

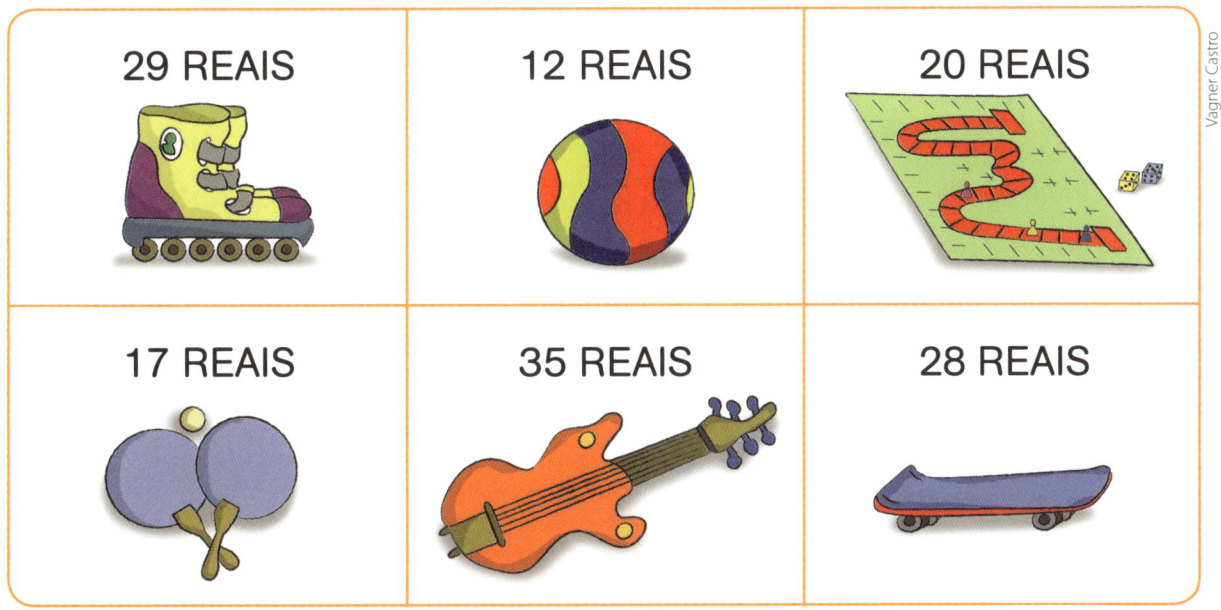

- JOANA QUER COMPRAR UM BRINQUEDO COM O DINHEIRO QUE ELA TEM. MARQUE O QUE DARIA PARA JOANA COMPRAR.

3. SE BÁRBARA E HUGO JUNTAREM A QUANTIA DE DINHEIRO QUE TÊM, COM QUANTO FICARÃO? ANOTE.

BÁRBARA TEM _____ REAIS.

HUGO TEM _____ REAIS.

BÁRBARA E HUGO TÊM JUNTOS _____ REAIS.

- DESENHE DOIS BRINQUEDOS QUE BÁRBARA E HUGO PODERIAM COMPRAR COM O DINHEIRO QUE JUNTARAM.

COMPARANDO MEDIDAS

1. RECORTE AS ETIQUETAS DA FICHA 5 DO MATERIAL COMPLEMENTAR E COLE CADA UMA EMBAIXO DO PRODUTO CORRESPONDENTE.

| COLE AQUI A FICHA | COLE AQUI A FICHA |

| COLE AQUI A FICHA | COLE AQUI A FICHA |

VOCÊ SABIA?

CADA UNIDADE DE MEDIDA TEM UM SÍMBOLO. VEJA ALGUNS:

UNIDADE DE MEDIDA	LITRO	QUILOGRAMA	GRAMA
SÍMBOLO	ℓ	kg	g

2. AJUDE OS FUNCIONÁRIOS DA PAPELARIA A ETIQUETAR OS PACOTES DE BOLINHAS. RECORTE AS ETIQUETAS COM PREÇOS DA FICHA 5 DO MATERIAL COMPLEMENTAR. COLE AS ETIQUETAS, RELACIONANDO CADA PREÇO À QUANTIDADE DE BOLINHAS.

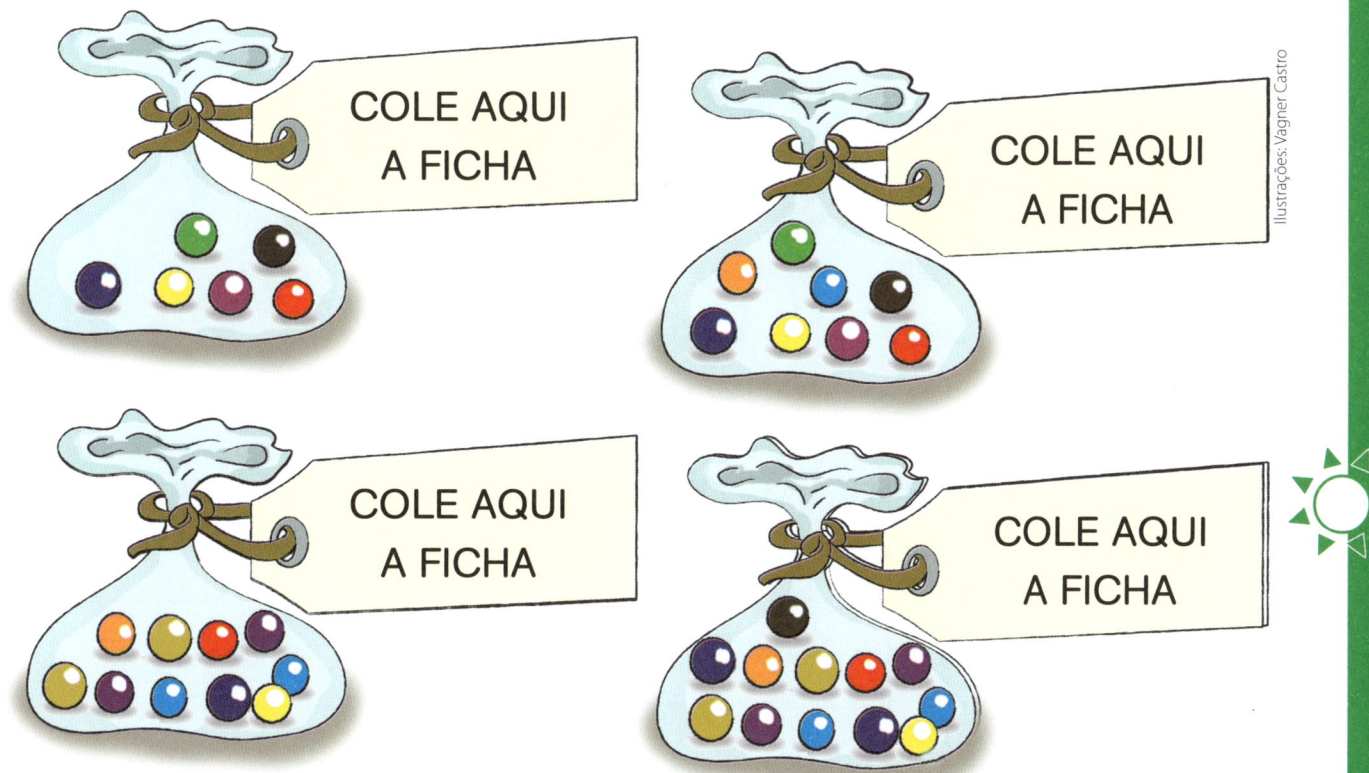

3. DESENHE AS BOLINHAS CORRESPONDENTES AOS PREÇOS DESTES PACOTES.

CONHECENDO A SIMETRIA

1. TENTE DIVIDIR ESTES DESENHOS AO MEIO. TRACE UM RISCO PARA QUE AS DUAS METADES FIQUEM COM O MESMO TAMANHO.

2. COMPLETE A OUTRA METADE DE CADA FIGURA, FAZENDO-A IDÊNTICA À METADE JÁ ILUSTRADA.

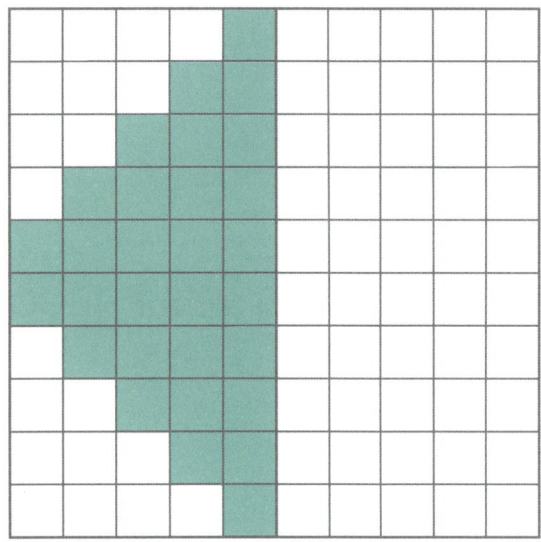
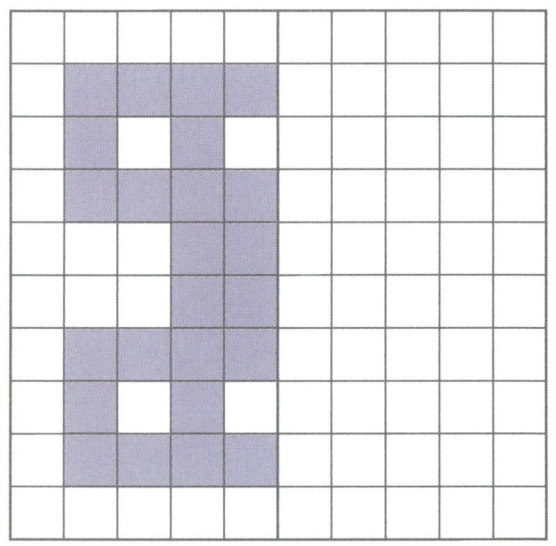

VOCÊ SABIA?

QUANDO DIVIDIMOS UMA FIGURA AO MEIO, SENDO UMA O REFLEXO DA OUTRA, DIZEMOS QUE A FIGURA É **SIMÉTRICA**.

3. UTILIZE FOLHAS AVULSAS, EM FORMATO QUADRADO E RETANGULAR, E FAÇA ESTAS DOBRADURAS.

GENTE QUE FAZ!

JOGO RAPA-TUDO

MATERIAL NECESSÁRIO
- PEÇAS COLORIDAS DA FICHA 5 DO MATERIAL COMPLEMENTAR
- DADO RAPA-TUDO DA FICHA 4

NÚMERO DE PARTICIPANTES
- ATÉ 4 JOGADORES

OBJETIVO
- CONSEGUIR O MAIOR NÚMERO DE FICHAS.

Marcelo Gagliano

MODO DE JOGAR
- CADA ALUNO ESCOLHE UMA COR DE FICHA E PEGA 10 FICHAS DESSA COR. COLOCA 2 NA MESA E FICA COM 8.
- O PRIMEIRO JOGADOR LANÇA O DADO E FAZ O QUE O DADO PEDE COM SUAS FICHAS OU COM AS FICHAS DA MESA.
- GANHA QUEM TIVER MAIS FICHAS AO FINAL DE 6 RODADAS.

JOGO RAPA-TUDO		
JOGADORES	NÚMERO DE FICHAS	VENCEDOR

1. OBSERVE OS RESULTADOS DO JOGO DE JOÃO E SEUS AMIGOS E FAÇA O QUE SE PEDE.

A) JOÃO JOGAVA COM OUTROS 3 AMIGOS. VEJA O NÚMERO DE FICHAS DE CADA JOGADOR, O QUE CADA UM TIROU NO DADO E COMPLETE O QUADRO.

JOGADORES	NÚMERO DE FICHAS DE CADA JOGADOR	RODADA	PONTOS APÓS A JOGADA
JOÃO	8	PEGA 2	
ANA	4	PÕE 1	
CAIO	5	PEGA 1	
LIS	6	PÕE 2	

B) COMPLETE O QUADRO COM O NÚMERO DE FICHAS COM QUE CADA JOGADOR TERMINOU O JOGO E ASSINALE O VENCEDOR.

JOGADORES	FICHAS NO FINAL DO JOGO	NÚMERO DE FICHAS	VENCEDOR
JOÃO			
ANA			
CAIO			
LIS			

C) COMO VOCÊ FEZ PARA DESCOBRIR O VENCEDOR?

_____

_____

EXPLORANDO AS FORMAS

1. LIGUE OS OBJETOS AOS SÓLIDOS GEOMÉTRICOS COM QUE ELES MAIS SE PARECEM.

OBJETOS	SÓLIDOS GEOMÉTRICOS

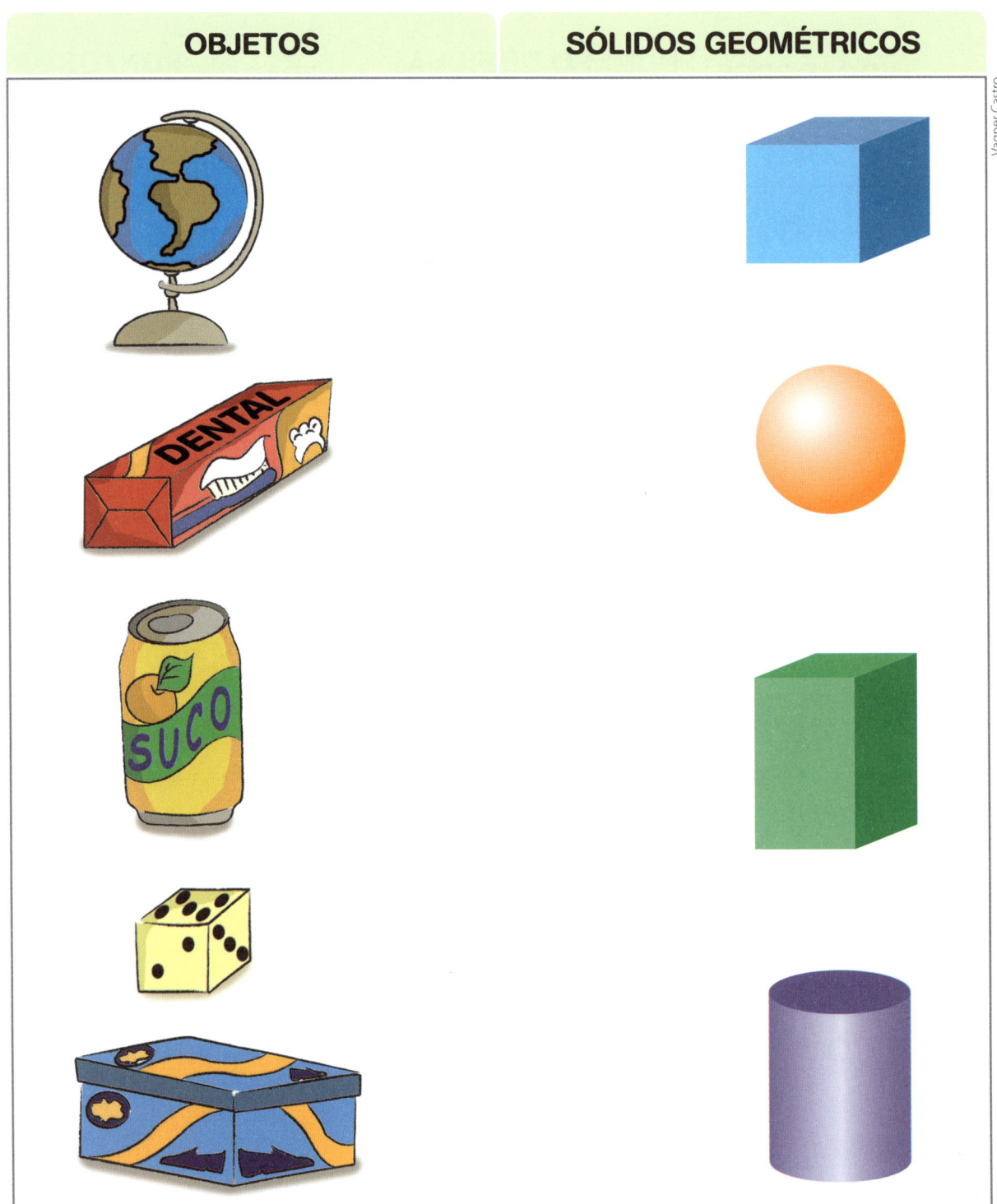

2. DESENHE OBJETOS DE SUA SALA DE AULA QUE SE PARECEM COM ESTES SÓLIDOS GEOMÉTRICOS.

ORGANIZANDO QUANTIDADES

1. CONTE QUANTOS SÃO OS COPOS DE CADA TIPO. REGISTRE NA TABELA AS QUANTIDADES CONTADAS.

2. COMPLETE ESTE GRÁFICO DE ACORDO COM OS REGISTROS FEITOS NA TABELA DA ATIVIDADE ANTERIOR. PINTE CADA QUANTIDADE DE COPOS COM AS CORES DA LEGENDA.

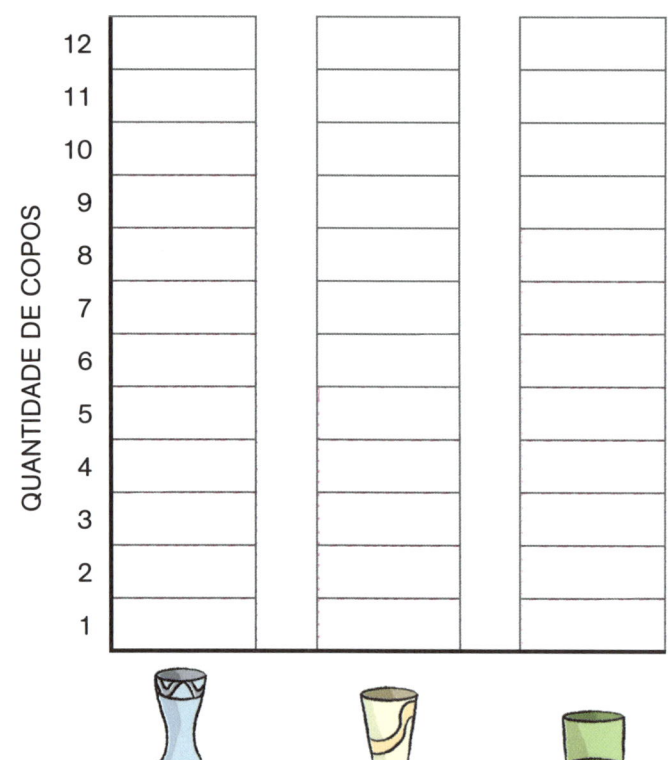

3. COMPLETE AS PRATELEIRAS DE FORMA QUE TODAS FIQUEM COM 15 COPOS.

4. ESCREVA OS NÚMEROS DE COPOS QUE HAVIA E QUE VOCÊ JUNTOU EM CADA PRATELEIRA. VEJA O EXEMPLO.

1ª) ___5___ + ___10___ = 15   4ª) _____ + _____ = 15

2ª) _____ + _____ = 15   5ª) _____ + _____ = 15

3ª) _____ + _____ = 15   6ª) _____ + _____ = 15

5. QUE OUTROS NÚMEROS VOCÊ PODE JUNTAR PARA CONSEGUIR 15? ESCREVA.

OS NÚMEROS DAS CASAS

1. DESENHE A FACHADA DA SUA MORADIA E ESCREVA O NÚMERO DELA.

2. O PROFESSOR VAI COLOCAR NA LOUSA ALGUNS NÚMEROS ESCRITOS POR VOCÊS NA ATIVIDADE ANTERIOR. JUNTOS, ORGANIZEM ESSES NÚMEROS NA ORDEM CRESCENTE.

_____

_____

3. CONVERSE COM OS COLEGAS E O PROFESSOR E DIGAM QUAL NÚMERO É O MENOR E QUAL É O MAIOR, DENTRE OS NÚMEROS ANOTADOS ACIMA.

4. CAIO E FERNANDO MORAM EM UMA VILA. VEJA O NÚMERO DA CASA DE CADA UM.

CAIO   FERNANDO

A) QUAL DOS MENINOS MORA NA CASA QUE TEM O NÚMERO MAIOR? _____

B) QUE NÚMERO É ESSE? _____

C) QUANTOS ALGARISMOS TEM O NÚMERO DA CASA DE CAIO? _____

D) E O NÚMERO DA CASA DE FERNANDO, QUANTOS ALGARISMOS TEM? _____

VOCÊ SABIA?

NOSSO SISTEMA DE NUMERAÇÃO TEM 10 **ALGARISMOS**. SÃO ELES: **1, 2, 3, 4, 5, 6, 7, 8, 9** E **0**.

COM ESSES ALGARISMOS PODEMOS ESCREVER MUITOS NÚMEROS.

CENTO E UM **101**

REDE DE IDEIAS

1. OBSERVE A TABELA COM A QUANTIDADE DE DOCES QUE SOBRARAM EM UMA LANCHONETE DEPOIS DO RECREIO.

DOCES	BALAS	PIRULITOS	SORVETES	CHOCOLATES
QUANTIDADE	20	12	6	8

- RESPONDA ESTAS QUESTÕES.

A) QUAL DOCE HÁ MAIS? _____

B) QUAL DOCE HÁ MENOS? _____

C) QUANTAS BALAS HÁ A MAIS QUE PIRULITOS? _____

D) QUANTOS SORVETES HÁ A MENOS QUE CHOCOLATES? _____

E) QUANTOS CHOCOLATES E PIRULITOS HÁ NO TOTAL? _____

F) QUANTOS DOCES HÁ NO TOTAL? _____

2. CONVERSE COM OS COLEGAS E O PROFESSOR.

- POR QUE AS TABELAS E OS GRÁFICOS SÃO IMPORTANTES?

3. OBSERVE NO GRÁFICO QUANTAS CRIANÇAS TORCEM PARA CADA TIME E FAÇA O QUE SE PEDE.

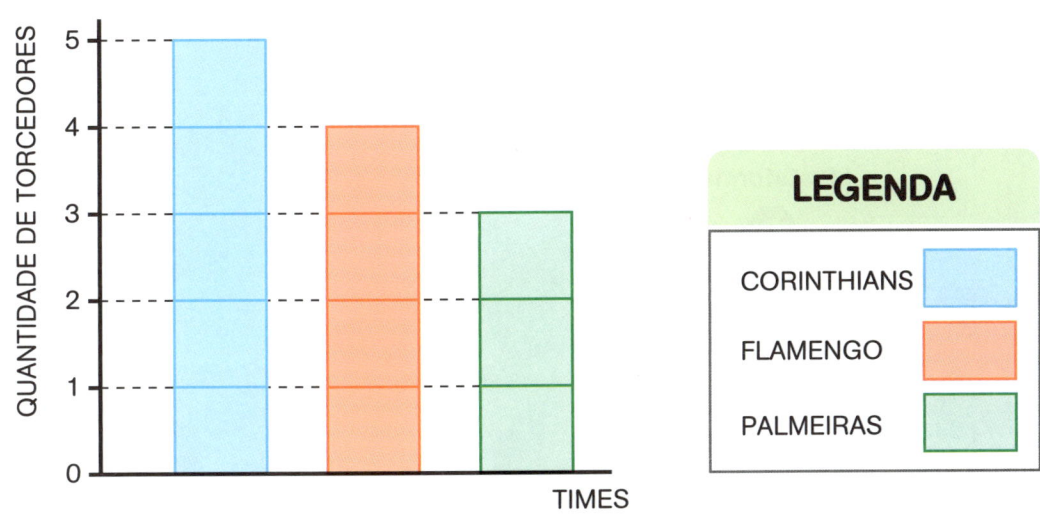

A) PINTE AS CAMISETAS DE ACORDO COM OS TIMES.

B) COMO VOCÊ FEZ PARA LER AS INFORMAÇÕES NO GRÁFICO? CONVERSE COM OS COLEGAS E O PROFESSOR.

IMAGEM E CONTEXTO

1. VOCÊ SABE COMO SE CHAMA O LOCAL QUE APARECE NESSA CENA? CONTE AOS COLEGAS.

2. VOCÊ JÁ VIAJOU DE ÔNIBUS? O QUE ACHOU? CONVERSE COM OS COLEGAS E O PROFESSOR.

3. OBSERVE AS FILAS DOS ÔNIBUS E RESPONDA.

    A) QUANTAS PESSOAS HÁ NA MAIOR FILA? E NA MENOR?

    _____

    B) QUANTAS PESSOAS VOCÊ ACHA QUE CABEM EM CADA ÔNIBUS?

COMPARANDO NÚMEROS

1. A PROFESSORA REGINA DESAFIOU SEUS ALUNOS A ENCONTRAREM O MAIOR NÚMERO NA LOUSA E EXPLICAREM COMO FIZERAM PARA DESCOBRIR. VEJA OS NÚMEROS QUE A PROFESSORA ESCREVEU.

A) MARQUE O MAIOR NÚMERO.

B) CONVERSE COM OS COLEGAS E ESCREVA O QUE VOCÊS FIZERAM PARA DESCOBRIR ESSE NÚMERO.

_____

_____

_____

C) ORGANIZE OS NÚMEROS EM ORDEM DECRESCENTE (DO MAIOR PARA O MENOR).

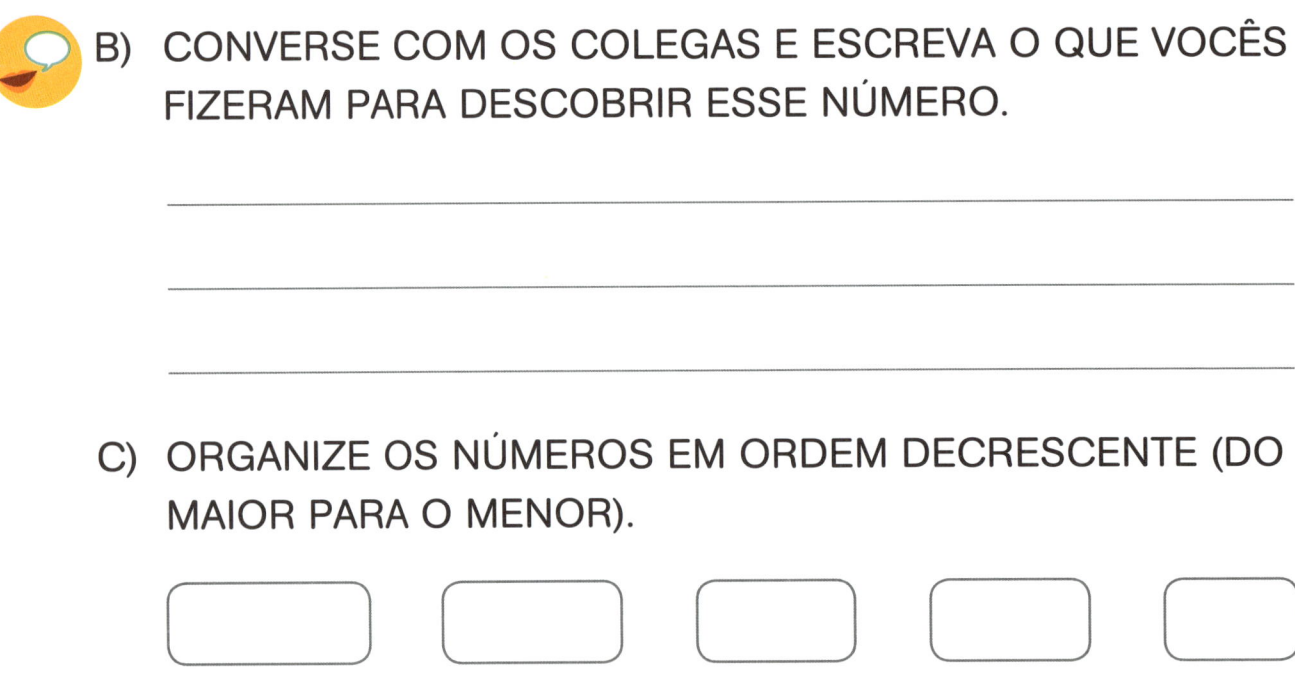

2. A PROFESSORA REGINA PEDIU A TODOS QUE ESCREVESSEM ESTE NÚMERO:

- VEJA COMO ALGUNS ALUNOS ESCREVERAM.

A) QUAL DESSAS ESCRITAS VOCÊ ACHA QUE ESTÁ CORRETA? MARQUE-A.

B) CONVERSE COM OS COLEGAS. VEJA QUE NÚMEROS ELES ESCOLHERAM E COMPARE COM O SEU.

C) POR QUE O MESMO NÚMERO FOI ESCRITO DE MODOS DIFERENTES? CONVERSE SOBRE ISSO COM OS COLEGAS E O PROFESSOR.

GENTE QUE FAZ!

JOGO DO ÔNIBUS

MATERIAL NECESSÁRIO
- 1 TABULEIRO DA FICHA 3 PARA CADA JOGADOR
- DADO DA FICHA 4
- 32 CARTAS DAS FICHAS 15 E 16
- 50 PEÇAS DA FICHA 12

NÚMERO DE JOGADORES
- DE 2 A 4 JOGADORES

OBJETIVO
- COMPLETAR TODO O TABULEIRO PRIMEIRO.

MODO DE JOGAR
- CADA JOGADOR, EM SUA VEZ, VIRA UMA CARTA DO MONTE E LANÇA O DADO. SE A CARTA FOR 5, POR EXEMPLO, E O DADO FOR:

    ENTRA: DEVERÁ COLOCAR 5 FICHAS NO SEU TABULEIRO.

    SAI: DEVERÁ TIRAR 5 FICHAS DO TABULEIRO.

    TODOS SAEM: DEVERÁ TIRAR TODAS AS FICHAS DO TABULEIRO.

    NEM ENTRA NEM SAI: NÃO ACRESCENTA NEM TIRA NENHUMA DE SUAS FICHAS.

    ENTRA O DOBRO: DEVERÁ COLOCAR 10 FICHAS NO SEU TABULEIRO.

- GANHA AQUELE QUE PREENCHER PRIMEIRO O TABULEIRO.

SUGESTÃO: FAÇA UMA TABELA PARA REGISTRAR AS JOGADAS.

1. OBSERVE OS ÔNIBUS DE FELIPE E CLÁUDIA E RESPONDA.

FELIPE

CLÁUDIA

- QUANTOS PASSAGEIROS ESTÃO NO ÔNIBUS?

  _____

- QUANTOS PASSAGEIROS AINDA PODEM ENTRAR?

  _____

- QUANTOS PASSAGEIROS ESTÃO NO ÔNIBUS?

  _____

- QUANTOS PASSAGEIROS AINDA PODEM ENTRAR?

  _____

2. RESPONDA DE ACORDO COM OS DADOS DOS QUADROS.

   A) QUEM ESTÁ GANHANDO O JOGO? _____

   B) QUANTOS PASSAGEIROS FICARÃO EM CADA ÔNIBUS SE FELIPE E CLÁUDIA VIRAREM A CARTA 2 E TIRAREM "ENTRA O DOBRO" NO DADO?

   FELIPE _____   CLÁUDIA _____

DITADO DE NÚMEROS

1. SEU PROFESSOR FARÁ UM DITADO DE NÚMEROS. ESCREVA OS NÚMEROS NOS QUADROS.

2. PINTE NO QUADRO NUMÉRICO OS NÚMEROS QUE SEU PROFESSOR DITOU.

1	2	3	4	5	6	7	8	9	10
11	12	13	14	15	16	17	18	19	20
21	22	23	24	25	26	27	28	29	30
31	32	33	34	35	36	37	38	39	40
41	42	43	44	45	46	47	48	49	50
51	52	53	54	55	56	57	58	59	60
61	62	63	64	65	66	67	68	69	70
71	72	73	74	75	76	77	78	79	80
81	82	83	84	85	86	87	88	89	90
91	92	93	94	95	96	97	98	99	100

3. OBSERVE O QUADRO E COMPLETE OS ESPAÇOS EM BRANCO.

51	52	53	54	55	56		58	59	
61		63	64		66	67	68		70
	72			75		77		79	
81		83			86			89	
			94	95			98		100

● ESCOLHA 4 DOS NÚMEROS QUE VOCÊ COMPLETOU E ESCREVA OS NÚMEROS QUE VÊM IMEDIATAMENTE ANTES E DEPOIS DELES.

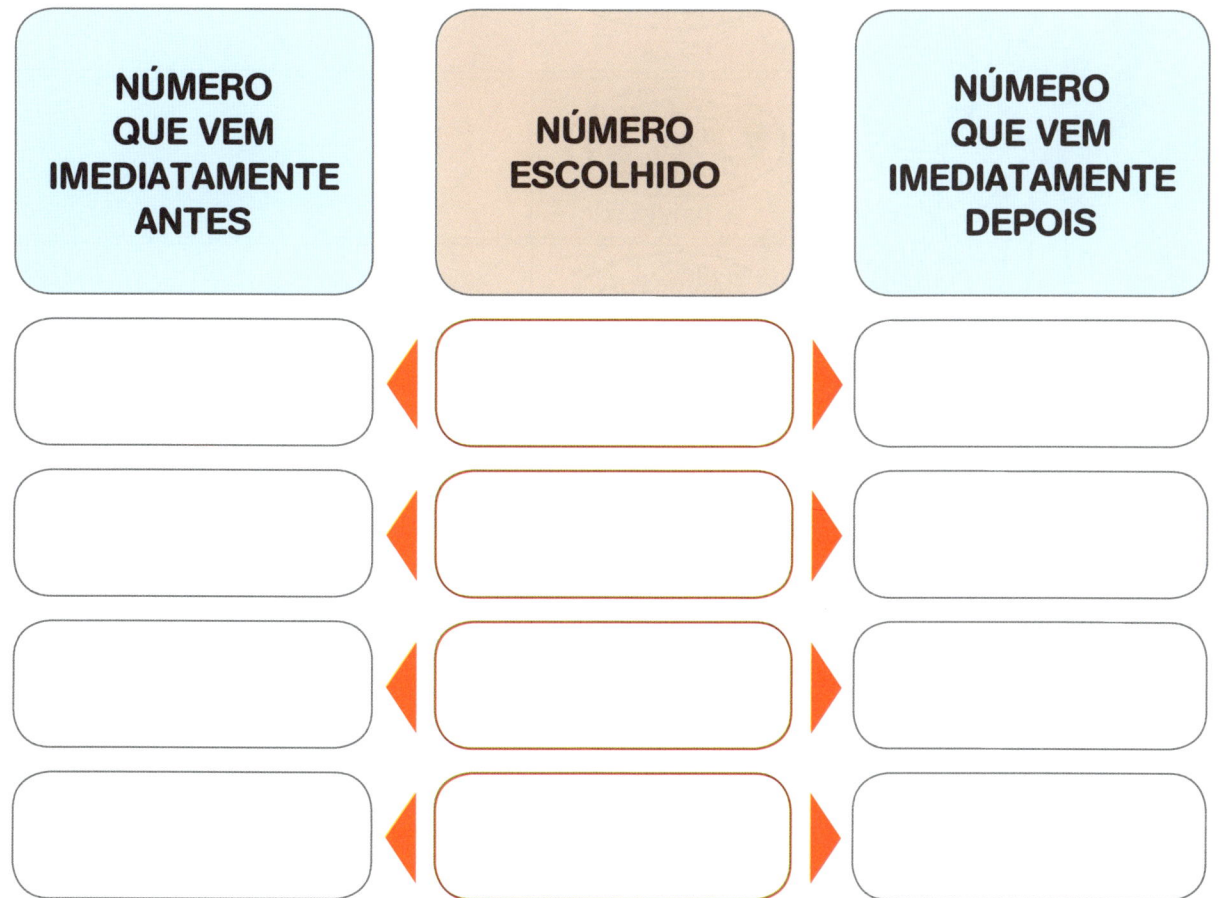

CENTO E ONZE

TABELAS E GRÁFICOS

1. SEU PROFESSOR FARÁ UMA PESQUISA E ANOTARÁ NA LOUSA UMA TABELA COM O NÚMERO DE ALUNOS DA CLASSE QUE **GOSTAM** E DOS QUE **NÃO GOSTAM** DE CADA UM DESTES ALIMENTOS. ANOTE ESSES NÚMEROS NESTA TABELA.

ALIMENTOS PREFERIDOS PELA CLASSE		
ALIMENTOS	QUANTOS GOSTAM	QUANTOS NÃO GOSTAM
MACARRÃO		
PIZZA		
PEIXE		
CARNE		
OVO		
ARROZ		
FEIJÃO		

2. RESPONDA A ESTAS QUESTÕES.

A) QUAL O ALIMENTO DE QUE SUA CLASSE MAIS GOSTA?
___

B) QUANTOS ALUNOS GOSTAM DESSE ALIMENTO?
___

C) QUE ALIMENTO É O MENOS PREFERIDO PELA TURMA?
___

D) QUANTOS ALUNOS GOSTAM DESSE ALIMENTO?
___

E) QUANTOS ALUNOS GOSTAM DE OVO?
___

F) QUANTOS ALUNOS GOSTAM DE ARROZ?
___

G) QUANTOS ALUNOS GOSTAM DE FEIJÃO?
___

H) A MAIOR PARTE DOS ALUNOS PREFERE CARNE OU PEIXE?
___

SOMAR, SUBTRAIR E DIVIDIR

1. SOLUCIONE ESTES PROBLEMAS E ANOTE SUAS RESOLUÇÕES.

A) EM UMA CLASSE DE 1º ANO HÁ 14 MENINOS E 12 MENINAS. QUANTOS ALUNOS HÁ AO TODO?

RESPOSTA: _____

B) EM UMA SALA DE EDUCAÇÃO FÍSICA HAVIA 30 ALUNOS. O PROFESSOR SORTEOU 22 ALUNOS PARA UM JOGO DE FUTEBOL E OS DEMAIS FICARAM ASSISTINDO À PRIMEIRA PARTIDA. QUANTOS ALUNOS ASSISTIRAM A ESSA PARTIDA?

RESPOSTA: _____

C) JORGE ENTREGOU UM SAQUINHO COM A MESMA QUANTIDADE DE DOCES PARA CADA UM DOS SEUS 4 SOBRINHOS. AO TODO ELE ENTREGOU 20 DOCES. QUANTOS DOCES HAVIA EM CADA SAQUINHO?

RESPOSTA: _____

D) JORGE DIVIDIU EM VALORES IGUAIS O DINHEIRO QUE HAVIA NA CARTEIRA DELE PARA CADA UM DOS 4 SOBRINHOS. CADA UM RECEBEU 3 REAIS. QUANTOS REAIS HAVIA NA CARTEIRA DELE?

RESPOSTA: _____

- CONVERSE COM OS COLEGAS E O PROFESSOR SOBRE COMO VOCÊ RESOLVEU CADA UM DESSES PROBLEMAS.

DIFERENTES JEITOS
DE RESOLVER UM PROBLEMA

1. RESOLVA DO SEU JEITO ESTE PROBLEMA.

SANDRA FAZ PULSEIRAS PARA VENDER. EM CADA UMA ELA COLOCA 4 MIÇANGAS. QUANTAS MIÇANGAS ELA USA PARA FAZER 8 PULSEIRAS IGUAIS?

RESPOSTA: _____

2. COMPARE O SEU JEITO DE RESOLVER O PROBLEMA 1 COM O DE OUTRO COLEGA.

3. ESCREVA UM OUTRO JEITO DE RESOLVER O PROBLEMA 1.

4. OBSERVE OS JEITOS USADOS POR JOÃO E POR ANA PARA RESOLVER O PROBLEMA 1 DA PÁGINA ANTERIOR.

> DESENHEI AS 8 PULSEIRAS E COLOQUEI 4 MIÇANGAS EM CADA UMA. DEPOIS CONTEI TODAS AS MIÇANGAS.

> FORMEI GRUPOS DE 4 MIÇANGAS. NUMEREI AS MIÇANGAS UMA A UMA ATÉ 32. DEPOIS CONTEI QUANTAS PULSEIRAS FORMEI. DEU 8!

JOÃO

ANA

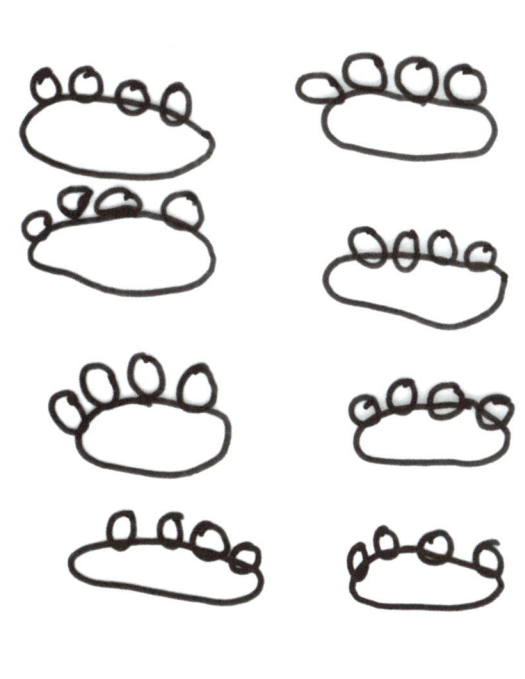

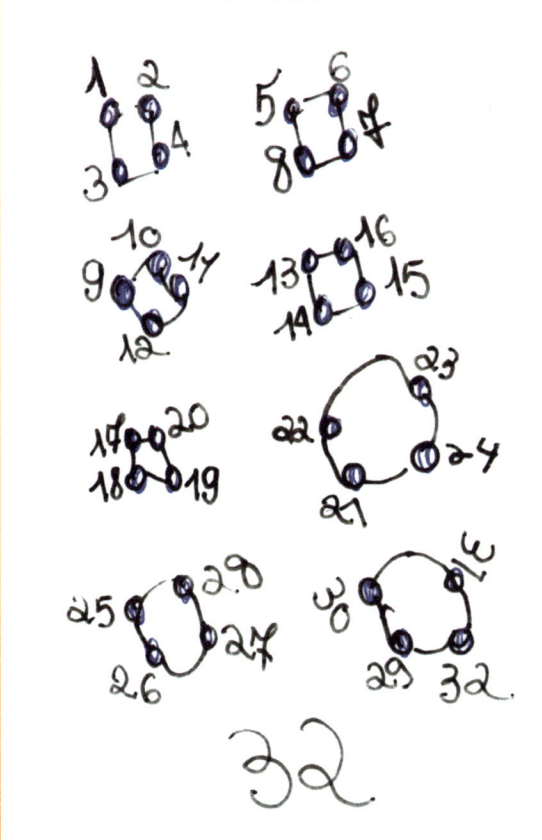

- CONVERSE COM OS COLEGAS E O PROFESSOR SOBRE QUAL DESSES JEITOS DE RESOLVER O PROBLEMA VOCÊ ACHA MAIS PRÁTICO.

Rede de Ideias

1. RESOLVA ESTE PROBLEMA, REGISTRANDO COMO VOCÊ PENSOU.

> EU TINHA 12 BISCOITOS E VOVÓ CHEGOU COM UMA BANDEJA COM 18 BISCOITOS. E AGORA, QUANTOS BISCOITOS FICARAM?
>
> RESPOSTA: _____

2. VEJA COMO GABRIEL ESCREVEU O NÚMERO QUARENTA E CINCO:

 • CONVERSE COM OS COLEGAS E O PROFESSOR. JUNTOS, PENSEM EM COMO VOCÊS PODERIAM AJUDAR O GABRIEL A ESCREVER O NÚMERO QUARENTA E CINCO DO MODO COMO ELE APARECE NAS PÁGINAS DOS LIVROS.

3. MOSTRE COMO VOCÊ DIVIDIRIA IGUALMENTE 12 BISCOITOS ENTRE:

A) 3 CRIANÇAS

B) 4 CRIANÇAS

C) 6 CRIANÇAS

CONVIVÊNCIA

DIGA NÃO À VIOLÊNCIA!

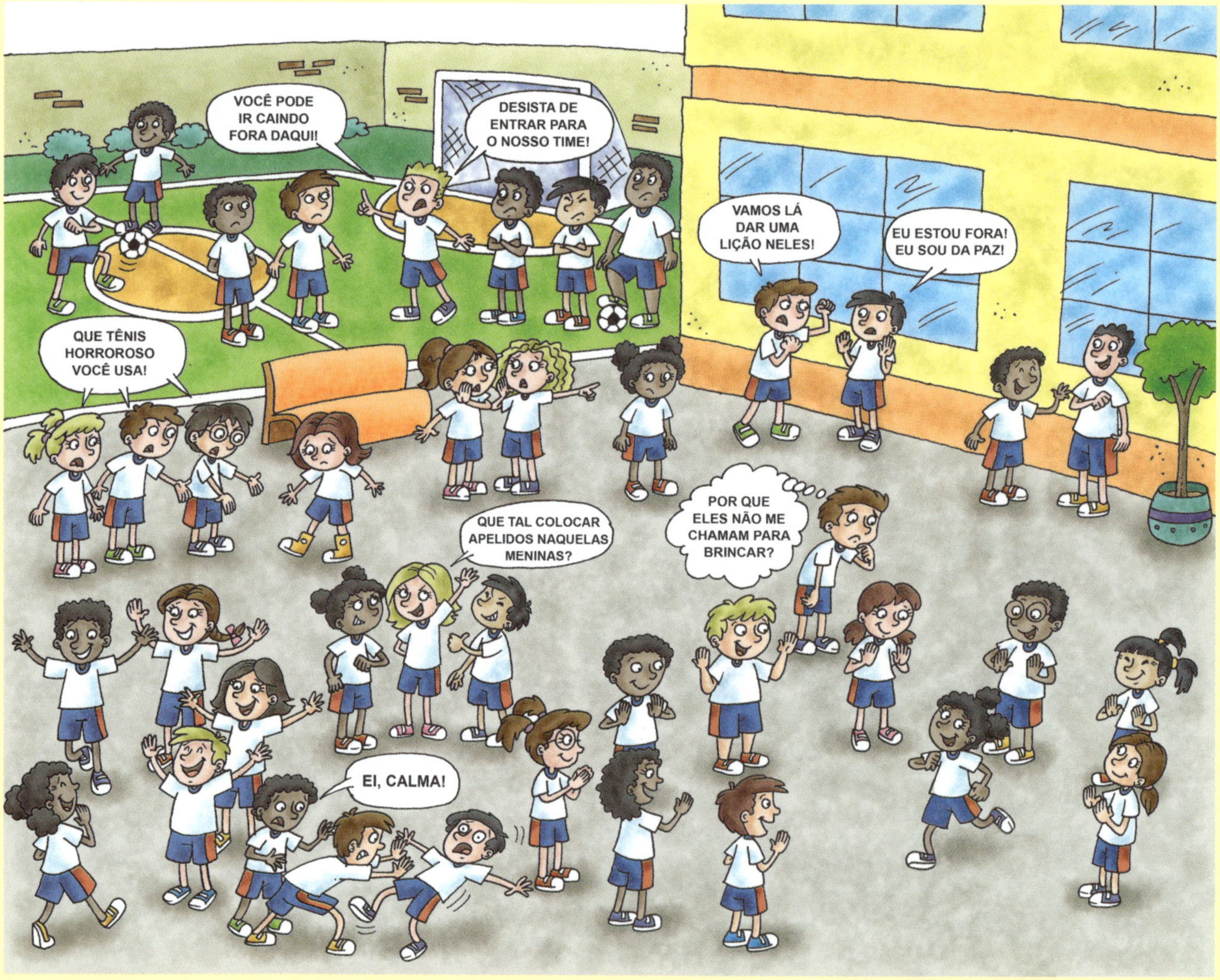

 OBSERVE ESSA IMAGEM E ANALISE COM OS COLEGAS E O PROFESSOR CADA UMA DAS SITUAÇÕES.

 ESTE TEXTO FOI ESCRITO POR UMA MENINA DE 10 ANOS, CHAMADA MARCELA. ACOMPANHE A LEITURA QUE SEU PROFESSOR FARÁ DO TEXTO.

EU SOU DA PAZ, E VOCÊ?

Tem gente que pensa que violência é só aquilo que a gente vê quase todo dia na televisão: guerras, bombardeios, bandidos assaltando ou fugindo da polícia, violência no trânsito e tantas outras coisas ruins!

É verdade que tudo isso é violência mesmo!

Eu acho que violência não são só essas coisas não!

Violência também é você não tratar os outros como gostaria de ser tratado ou fazer aos outros o que não gostaria que fizessem a você.

Procuro sempre tratar as pessoas com carinho e respeito, pois eu gosto que elas me tratem assim também!

Se todo mundo pensasse assim o mundo seria melhor!

 E VOCÊ, CONCORDA COM O QUE MARCELA ESCREVEU NESSE TEXTO? TROQUE IDEIAS COM OS COLEGAS E O PROFESSOR.

 OBSERVE MAIS UMA VEZ A IMAGEM DA PÁGINA ANTERIOR E RESPONDA.

A) QUANTOS MENINOS HÁ? _____

B) QUANTAS MENINAS HÁ? _____

C) QUAL O TOTAL DE CRIANÇAS? _____

IMAGEM E CONTEXTO

1. TRACE DIFERENTES CAMINHOS QUE LEVAM OS INDÍGENAS PARA A FOGUEIRA. USE LÁPIS DE CORES VARIADAS.

2. ASSINALE O CAMINHO MAIS CURTO E O MAIS LONGO PARA CHEGAR ATÉ A FOGUEIRA.

3. CONTE E ANOTE.

    A) CAMINHO MAIS CURTO: _____ QUADRADINHOS.

    B) CAMINHO MAIS LONGO: _____ QUADRADINHOS.

PERCORRENDO LINHAS E COLUNAS

1. OBSERVE E DESCUBRA ONDE AS COBRAS ESTÃO ESCONDIDAS.

- ESCREVA O NÚMERO DE CADA COBRA NO CRUZAMENTO DA LINHA COM A COLUNA EM QUE ELA ESTÁ.

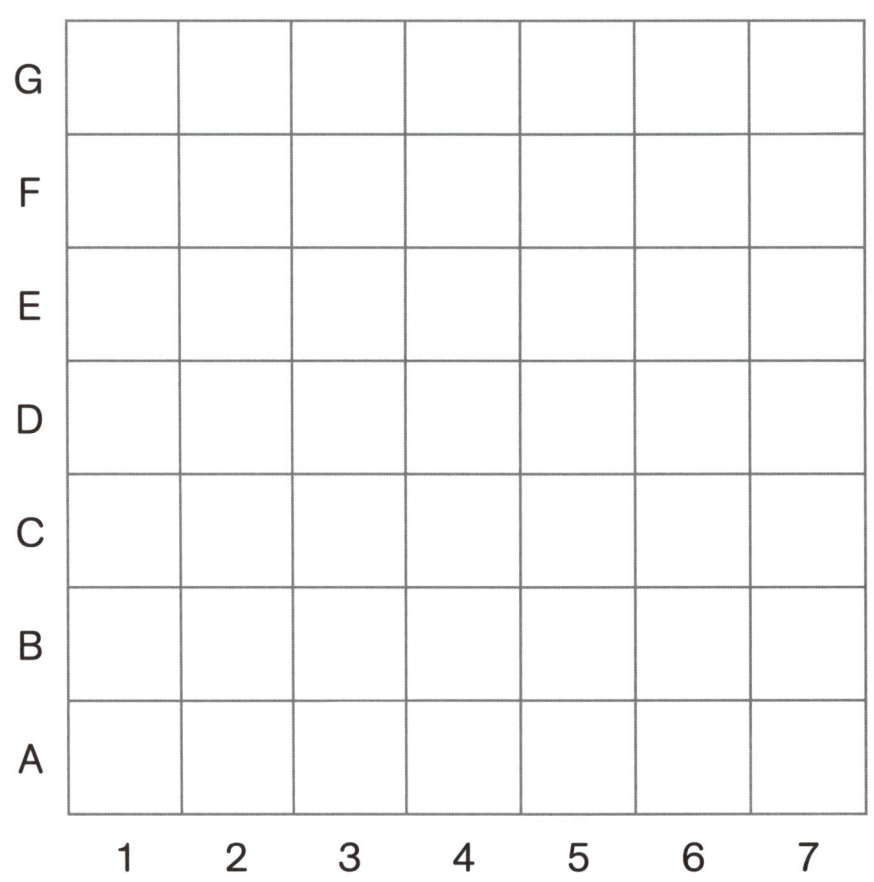

2. EM CADA CASO, PINTE OS QUADRADINHOS DOS CRUZAMENTOS INDICADOS E DESCUBRA A LETRA QUE APARECE.

A)  F4 E4 D4 C4 B4 F5 F6 D5 B5 B6

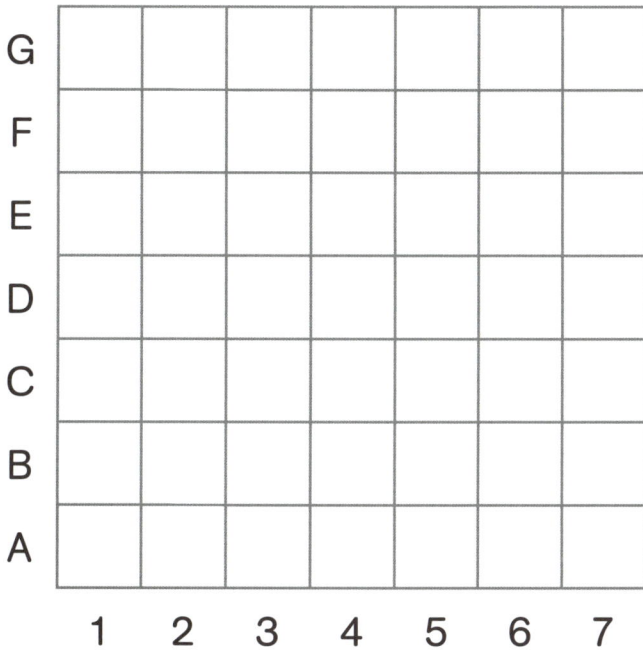 

B)  F3 E3 D3 C3 B3 D4 F5 E5 D5 C5 B5

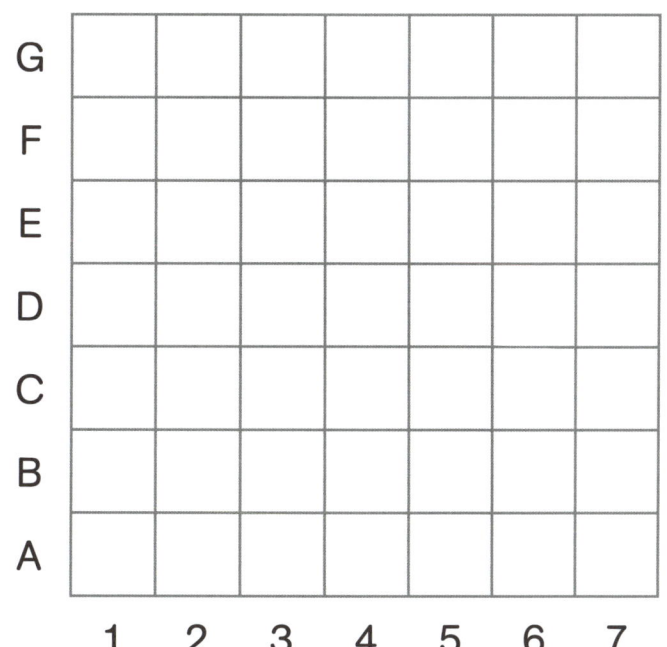 

ESTIMANDO E CONTANDO

1. COMPLETE OS QUADRINHOS COM O QUE É PEDIDO.

A) QUANTOS PÁSSAROS VOCÊ ESTIMA QUE ESTÃO VOANDO? ☐

CONTE OS PÁSSAROS E ESCREVA QUANTOS SÃO. ☐

B) QUANTAS CRIANÇAS VOCÊ ESTIMA QUE HÁ? ☐

CONTE AS CRIANÇAS E ESCREVA QUANTAS SÃO. ☐

2. CONVERSE COM OS COLEGAS E O PROFESSOR.

A) VOCÊ ESTIMOU MAIS PÁSSAROS OU MENOS QUE A QUANTIDADE REAL?

B) E AS CRIANÇAS? VOCÊ ESTIMOU MAIS OU MENOS?

3. ESTIME QUANTAS ÁRVORES HÁ NESTE BOSQUE E ANOTE NO QUADRINHO.

● COMO VOCÊ FEZ PARA ESTIMAR O NÚMERO DE ÁRVORES? CONVERSE COM OS COLEGAS.

4. AGORA CONTE QUANTAS SÃO AS ÁRVORES E COMPARE COM O NÚMERO QUE VOCÊ ESTIMOU.

HÁ _____ ÁRVORES A _____ DO QUE ESTIMEI.

5. IMAGINE QUE DURANTE A NOITE CERCA DE 3 PÁSSAROS SE ABRIGAM EM CADA ÁRVORE DA ATIVIDADE 3. QUANTOS PÁSSAROS PASSAM A NOITE NESSE BOSQUE?

MOSTRE SEU JEITO DE CALCULAR:

CENTO E VINTE E SETE 127

ARTE E MATEMÁTICA

1. OBSERVE ESTA IMAGEM.

Marco Aurélio Sismoto

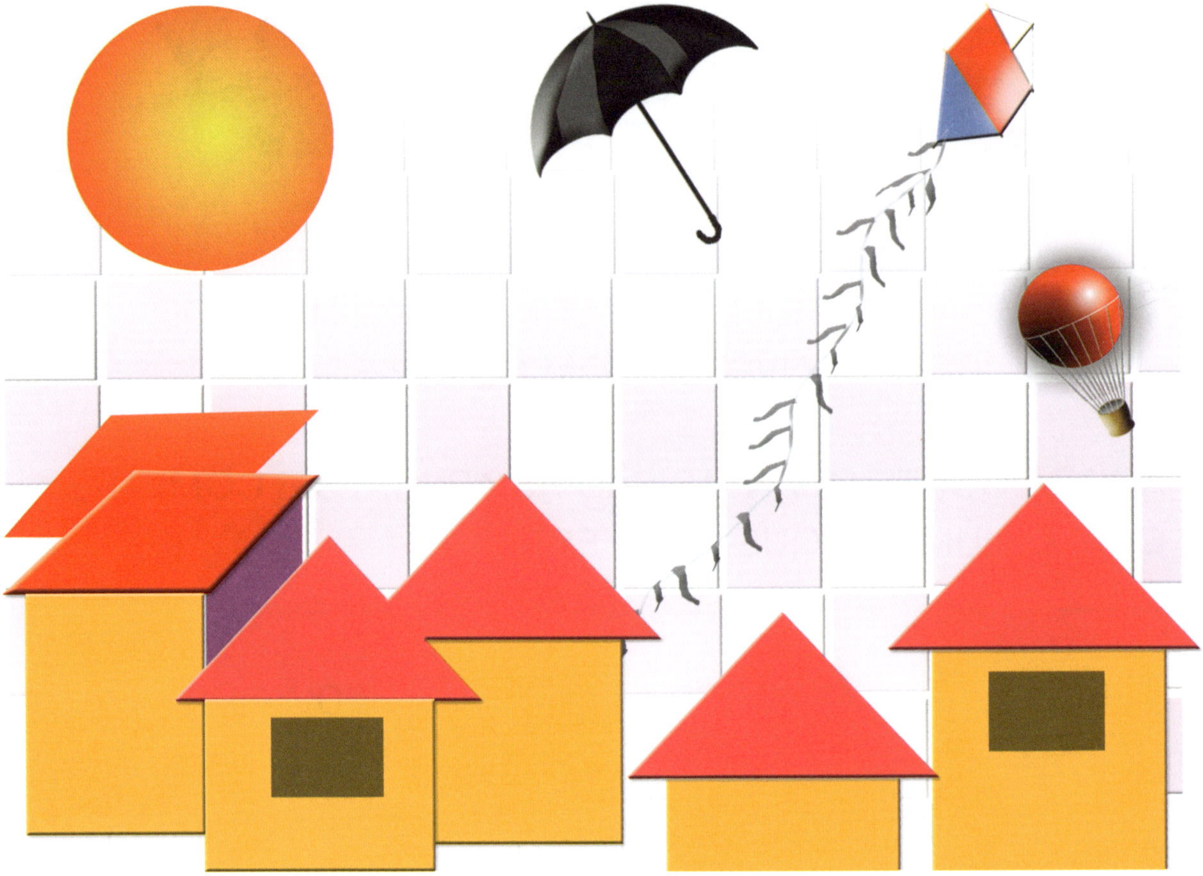

- PINTE AS FIGURAS GEOMÉTRICAS QUE APARECEM NA IMAGEM.

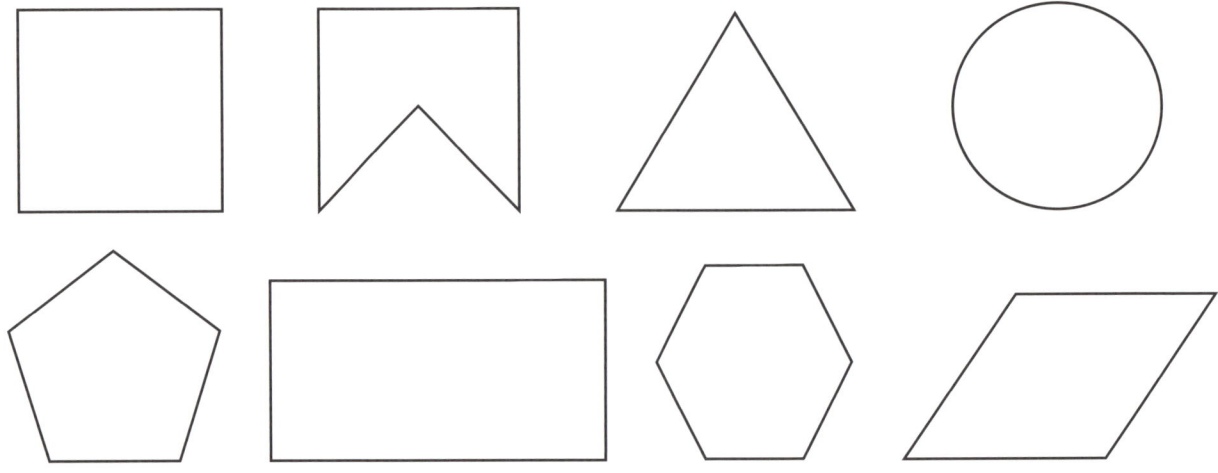

2. DESENHE UMA CENA COM DIFERENTES FIGURAS GEOMÉTRICAS.

3. CIRCULE AS FIGURAS QUE VOCÊ USOU EM SEU DESENHO. ACRESCENTE OUTRA FIGURA SE NECESSÁRIO.

QUADRADO

RETÂNGULO

TRIÂNGULO

CÍRCULO

LOSANGO

OUTRA

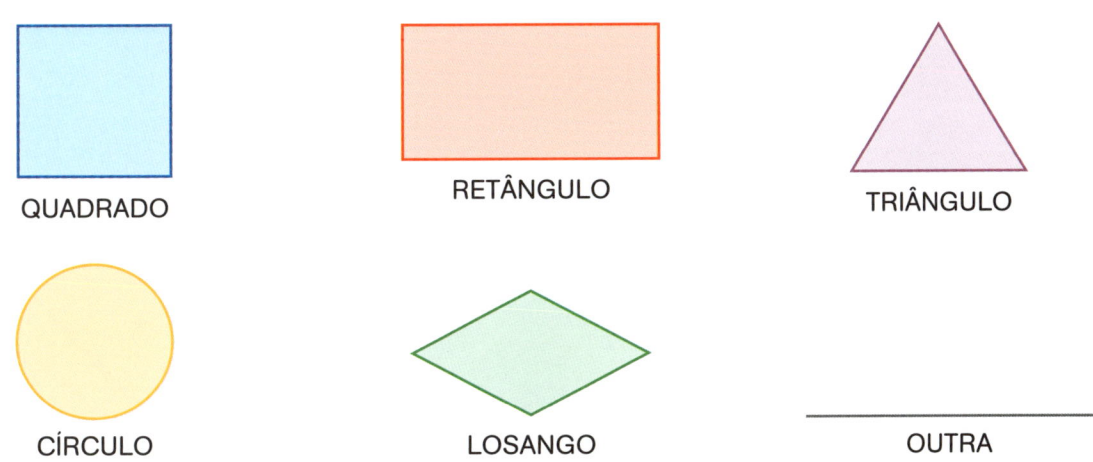

OBSERVANDO E CRIANDO COM FIGURAS GEOMÉTRICAS

1. OBSERVE ESTA OBRA DE ARTE DO PINTOR SUÍÇO PAUL KLEE.

Carnaval nas montanhas, 1924.

- DESENHE NO QUADRO ALGUMAS FIGURAS GEOMÉTRICAS QUE VOCÊ IDENTIFICOU NA OBRA DE PAUL KLEE.

2. RECORTE AS FIGURAS GEOMÉTRICAS DA FICHA 10. COLE AS FIGURAS NO QUADRO, FORMANDO UMA CENA. COMPLETE A CENA COM DESENHOS.

METADES E DOBROS

1. CONVERSE COM OS COLEGAS E O PROFESSOR SOBRE O SIGNIFICADO DAS PALAVRAS **METADE** E **DOBRO**.

METADE: CADA UMA DAS DUAS PARTES IGUAIS OBTIDAS PELA DIVISÃO DE UM TODO.

DOBRO: QUANTIDADE OU MEDIDA QUE EQUIVALE A DUAS VEZES UMA OUTRA.

2. OBSERVE A QUANTIDADE DE CADA TIPO DE FRUTA QUE HÁ NESTA FRUTEIRA.

- MIRIAN VAI FAZER UMA SALADA DE FRUTAS. ELA USARÁ A METADE DA QUANTIDADE DE CADA TIPO DESSAS FRUTAS. DESENHE OU ESCREVA ESSAS QUANTIDADES.

 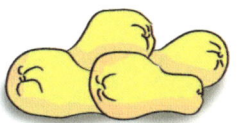 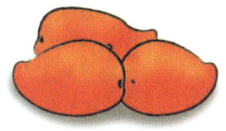

_____   _____   _____

_____   _____   _____

3. MIRIAN RECEBEU VISITAS E FEZ OUTRA SALADA DE FRUTAS. ELA PRECISOU COMPRAR MAIS FRUTAS E USOU O DOBRO DA QUANTIDADE DE FRUTAS QUE TINHA NESTA FRUTEIRA.

A) CALCULE O DOBRO DA QUANTIDADE DAS FRUTAS E ANOTE.

B) COMO VOCÊ PENSOU PARA CALCULAR O DOBRO DAS FRUTAS? CONVERSE COM OS COLEGAS E O PROFESSOR.

MEDINDO COM NÚMEROS

1. QUAL É A TEMPERATURA DE CADA CRIANÇA?

LUIZA _____ °C   JANE _____ °C

> UMA PESSOA ESTÁ COM FEBRE QUANDO SUA TEMPERATURA É MAIOR QUE 37 °C.

2. CONTORNE NAS PRATELEIRAS A QUANTIDADE CERTA DOS PRODUTOS PEDIDOS.

8 LITROS DE SUCO
3 PACOTES DE PÃES
12 OVOS
6 LATAS DE MOLHO DE TOMATE
2 PACOTES DE MACARRÃO

3. VEJA A LISTA DE PREÇOS DOS PRODUTOS DE UMA LOJA E CALCULE QUANTO CADA CRIANÇA GASTOU EM SUA COMPRA. SE QUISER, USE AS NOTAS E MOEDAS DAS PÁGINAS 171 A 178.

CADERNO.................. R$ 5,00
CANETA .... R$ 1,00
LÁPIS.......................... R$ 1,00
APONTADOR............. R$ 2,00
BORRACHA................ R$ 1,00

JONAS GASTOU _____

CAMILA GASTOU _____

GUSTAVO GASTOU _____

4. DESENHE O QUE VOCÊ COMPRARIA SE FOSSE À LOJA. FAÇA DUAS COMPRAS DIFERENTES SEM ULTRAPASSAR R$ 10,00 EM CADA UMA.

RESOLVENDO PROBLEMAS

1. OBSERVE A FIGURA E RESOLVA AS DUAS SITUAÇÕES-PROBLEMA.

A) ANTES DE O ÔNIBUS PASSAR HAVIA 12 PESSOAS NA FILA. QUANTAS PESSOAS TOMARAM O ÔNIBUS?

RESPOSTA: _____

B) O ÔNIBUS ESTÁ COM LOTAÇÃO MÁXIMA: 40 PASSAGEIROS. 10 DELES VÃO DESCER NO PRIMEIRO PONTO. QUANTOS PASSAGEIROS FICARÃO NO ÔNIBUS?

RESPOSTA: _____

2. OBSERVE COMO JOÃO E ANA RESOLVERAM O PROBLEMA B DA PÁGINA ANTERIOR.

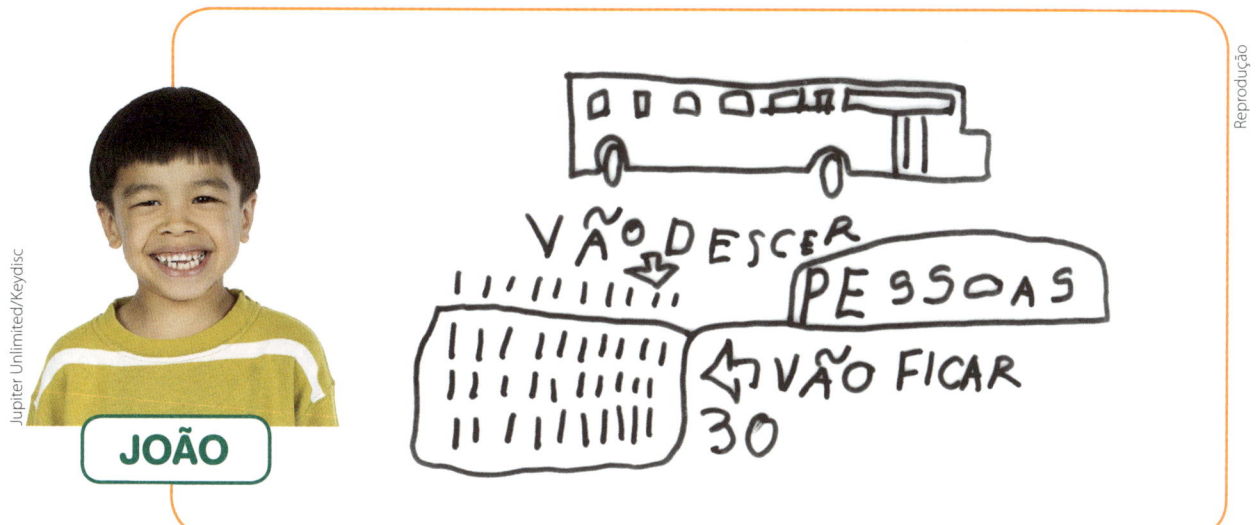

- CONVERSE COM OS COLEGAS E O PROFESSOR.

A) QUAL JEITO VOCÊ ACHOU MAIS FÁCIL DE ENTENDER?

B) O JEITO QUE VOCÊ RESOLVEU É PARECIDO COM ALGUM DESSES?

PROBLEMAS PARA CRIAR E CALCULAR

1. OBSERVE ESTA IMAGEM E INVENTE UM PROBLEMA QUE POSSA SER RESOLVIDO POR MEIO DELA.

_____
_____
_____
_____

- SENTE-SE COM UM COLEGA E APRESENTE SEU PROBLEMA PARA QUE ELE O RESOLVA.

2. OBSERVE ESTA CENA E RESPONDA ÀS DUAS SITUAÇÕES-PROBLEMA.

A) CADA CRIANÇA TOMOU 2 SORVETES. QUANTOS SORVETES ELAS TOMARAM AO TODO?

RESPOSTA: _____

B) NO CARRINHO HAVIA 35 PICOLÉS. SE CADA CRIANÇA CHUPAR 2 PICOLÉS, QUANTOS VÃO RESTAR NO CARRINHO?

RESPOSTA: _____

REDE DE IDEIAS

1. OBSERVE ESTAS MOEDAS QUE CIRCULAM NO BRASIL.

Fotografias: Museu de Valores/Banco Central do Brasil

- DESENHE OU ESCREVA DOIS JEITOS DIFERENTES DE COMBINAR ESSAS MOEDAS PARA FORMAR 1 REAL.

2. QUAL O MÁXIMO DE MOEDAS QUE VOCÊ PODE JUNTAR PARA FORMAR 1 REAL? CONVERSE COM OS COLEGAS E O PROFESSOR.

3. OBSERVE ESTAS COMPRAS QUE AS CRIANÇAS FIZERAM. COMPLETE A TABELA COM O TROCO RECEBIDO.

CRIANÇA	PRODUTO	PREÇO	PAGAMENTO	TROCO
HUGO	carrinho	8 REAIS	10	
LUCAS	bola	12 REAIS	20	
JOANA	raquete	17 REAIS	20	
BÁRBARA	jogo	20 REAIS	50	

- USE ESTE ESPAÇO PARA FAZER OS CÁLCULOS.

IMAGEM E CONTEXTO

1. A CENA MOSTRA UM JARDIM BOTÂNICO. NA SUA CIDADE HÁ UM LUGAR COMO ESSE? VOCÊ JÁ RESPIROU O AR PURO E OUVIU O CANTO DOS PÁSSAROS NESSE LUGAR? CONVERSE COM OS COLEGAS E O PROFESSOR.

2. QUANTOS TIPOS DE ÁRVORES E AVES DIFERENTES VOCÊ CONSEGUE ENCONTRAR NESSA CENA? _____

3. VOCÊ SABE O NOME DE ALGUMAS ÁRVORES E AVES? CONVERSE COM OS COLEGAS E O PROFESSOR E REGISTRE EM UMA FOLHA O NOME DE ALGUMAS ÁRVORES E AVES QUE O PROFESSOR ESCREVERÁ NA LOUSA.

CALCULANDO

1. LIGUE OS PONTOS NA ORDEM CRESCENTE. COMECE DO NÚMERO 1 E DESCUBRA UMA FIGURA.

VOCÊ SABIA?

A ARAUCÁRIA, OU PINHEIRO-DO-PARANÁ, ESTÁ CORRENDO RISCO DE EXTINÇÃO! ESSAS ÁRVORES SÃO CARACTERÍSTICAS DO RIO GRANDE DO SUL E DO PARANÁ, MAS TAMBÉM EXISTEM EM SÃO PAULO E EM MINAS GERAIS.

2. PARA QUE HAJA UM PÁSSARO EM CADA GALHO DESTA ÁRVORE, ESTÃO FALTANDO PÁSSAROS OU ESTÃO FALTANDO GALHOS? QUANTOS?

FALTAM: _____

3. COMPLETE OU RISQUE OS PÁSSAROS DE MODO QUE CADA QUADRO FIQUE COM 20 PÁSSAROS.

SOMANDO E TIRANDO

1. COMPLETE O QUADRO FAZENDO AS ADIÇÕES INDICADAS, CONFORME O EXEMPLO.

NÚMERO	+ 1	+ 0	+ 2	+ 5	+ 3
2	3	2	4	7	5
5					
8					
4					

2. DESCUBRA NÚMEROS QUE TORNAM ESTAS ADIÇÕES CORRETAS E COMPLETE-AS.

A) __2__ + __8__ = 10

B) _____ + _____ = 8

C) _____ + _____ = 5

D) _____ + _____ = 20

E) _____ + _____ = 12

F) _____ + _____ = 40

3. CONTINUE ESTAS SEQUÊNCIAS.

A) +5 +5 +5 +5 +5 +5

| 5 | 10 | 15 | | | | |

B) +3 +3 +3 +3 +3 +3

| 3 | 6 | 9 | | | | |

4. COMPLETE O QUADRO FAZENDO AS SUBTRAÇÕES INDICADAS, CONFORME O EXEMPLO.

NÚMERO	– 1	– 0	– 2	– 5	– 3
10	9	10	8	5	7
12					
8					
5					

5. COMPLETE COM OS SINAIS + OU – , DE MODO QUE AS OPERAÇÕES FIQUEM CORRETAS.

A) 3 ☐ 2 = 5

B) 10 ☐ 6 = 4

C) 5 ☐ 5 = 10

D) 3 ☐ 2 = 1

E) 10 ☐ 6 = 16

F) 10 ☐ 5 = 5

IMAGINANDO E CALCULANDO

1. JÚLIA MORA EM UMA VILA ONDE TODAS AS CASAS SÃO IGUAIS. OBSERVE UMA DAS CASAS DA VILA.

- COMPLETE A TABELA DE ACORDO COM A QUANTIDADE DESTES ELEMENTOS DAS CASAS.

PARTES DA CASA	1 CASA	2 CASAS	4 CASAS
PORTAS	2		
JANELAS	3		
DEGRAUS	8		
PILARES	4		

2. OBSERVE NOVAMENTE A ILUSTRAÇÃO DA ATIVIDADE 1. EM UMA CASA HÁ 1 BRANCA DE NEVE E 7 ANÕES NO JARDIM. COMPLETE A TABELA DE ACORDO COM O NÚMERO DE CASAS.

CASAS	1	2	3	4	5
BRANCA DE NEVE	1			4	
ANÕES	7		21		35

3. SE CADA CASA USOU 3 VASOS DE PLANTAS PARA DECORAR A JANELA, QUANTOS VASOS FORAM NECESSÁRIOS PARA 2, 3, 6 E 10 CASAS?

CASAS	1	2	3	6	10
VASOS DE PLANTAS	3				

4. CONTINUE ESTAS SEQUÊNCIAS.

A)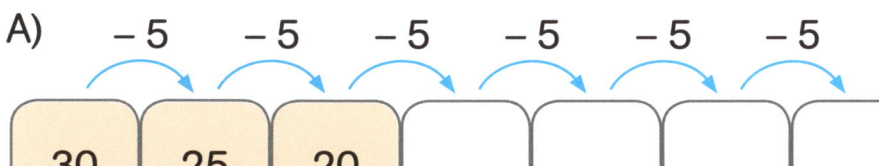

B)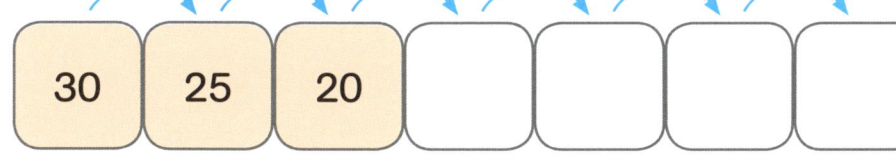

C)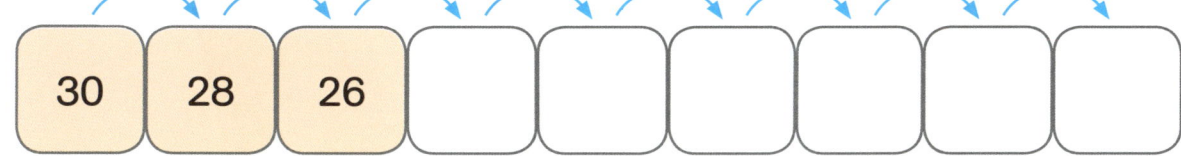

GENTE QUE FAZ!

JOGO BARALHO DAS FRUTAS

MATERIAL NECESSÁRIO
- 60 FRUTAS DA FICHA 1
- 24 CARTAS COM FRUTAS INTEIRAS E MORDIDAS DA FICHA 2

NÚMERO DE JOGADORES
- DE 2 A 4 JOGADORES

MODO DE JOGAR
- FAZER UM MONTE NA MESA COM AS CARTAS DE FRUTAS INTEIRAS E MORDIDAS, VIRADAS PARA BAIXO.
- DISTRIBUIR 12 FRUTAS PARA CADA JOGADOR E COLOCAR O RESTANTE NO CENTRO DA MESA, COMO SE FOSSE UMA CESTA.
- CADA JOGADOR, NA SUA VEZ, TIRA UMA CARTA DO MONTE.
- DEPENDENDO DA QUANTIDADE DE FRUTAS INDICADA NA CARTA:
  - SE TIRAR UMA CARTA QUE TIVER **FRUTAS INTEIRAS**, COLOCARÁ ATÉ 3 DE SUAS FRUTAS NA "CESTA".
  - SE TIRAR UMA CARTA COM **FRUTAS MORDIDAS**, DEVE RETIRAR ATÉ 3 FRUTAS DA "CESTA".
- O VENCEDOR SERÁ AQUELE QUE FICAR SEM FRUTAS NA MÃO.

1. ANOTE A PONTUAÇÃO E OS NOMES DOS JOGADORES NESTA TABELA.

	RODADAS				
NOME DOS JOGADORES	1ª	2ª	3ª	4ª	5ª
TOTAL DE VITÓRIAS					

VENCEDOR: _____

2. VEJA AS FRUTAS QUE LUÍS TINHA E AS CARTAS QUE TIROU. CALCULE COM QUANTAS FRUTAS ELE FICOU.

TINHA _____ FRUTAS. FICOU COM _____ FRUTAS.

 **PISTA:** SE NECESSÁRIO, PEGUE SUAS FRUTINHAS PARA AJUDAR NOS CÁLCULOS.

NÚMEROS ATÉ 100!

1. PINTE NO QUADRO OS NÚMEROS QUE O PROFESSOR IRÁ DITAR.

1	2	3	4	5	6	7	8	9	10
11	12	13	14	15	16	17	18	19	20
21	22	23	24	25	26	27	28	29	30
31	32	33	34	35	36	37	38	39	40
41	42	43	44	45	46	47	48	49	50
51	52	53	54	55	56	57	58	59	60
61	62	63	64	65	66	67	68	69	70
71	72	73	74	75	76	77	78	79	80
81	82	83	84	85	86	87	88	89	90
91	92	93	94	95	96	97	98	99	100

2. COLOQUE EM ORDEM CRESCENTE OS NÚMEROS QUE VOCÊ PINTOU.

_____

_____

_____

3. PINTE O DESENHO DE ACORDO COM AS CORES DA LEGENDA.

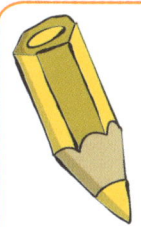

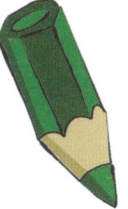

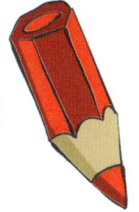

NÚMEROS MAIORES QUE 60 E MENORES QUE 70	NÚMEROS MAIORES QUE 80 E MENORES QUE 90
NÚMEROS MAIORES QUE 70 E MENORES QUE 80	NÚMEROS MAIORES QUE 90 E MENORES QUE 100

Vagner Castro

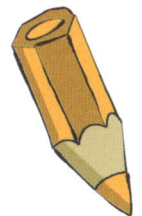

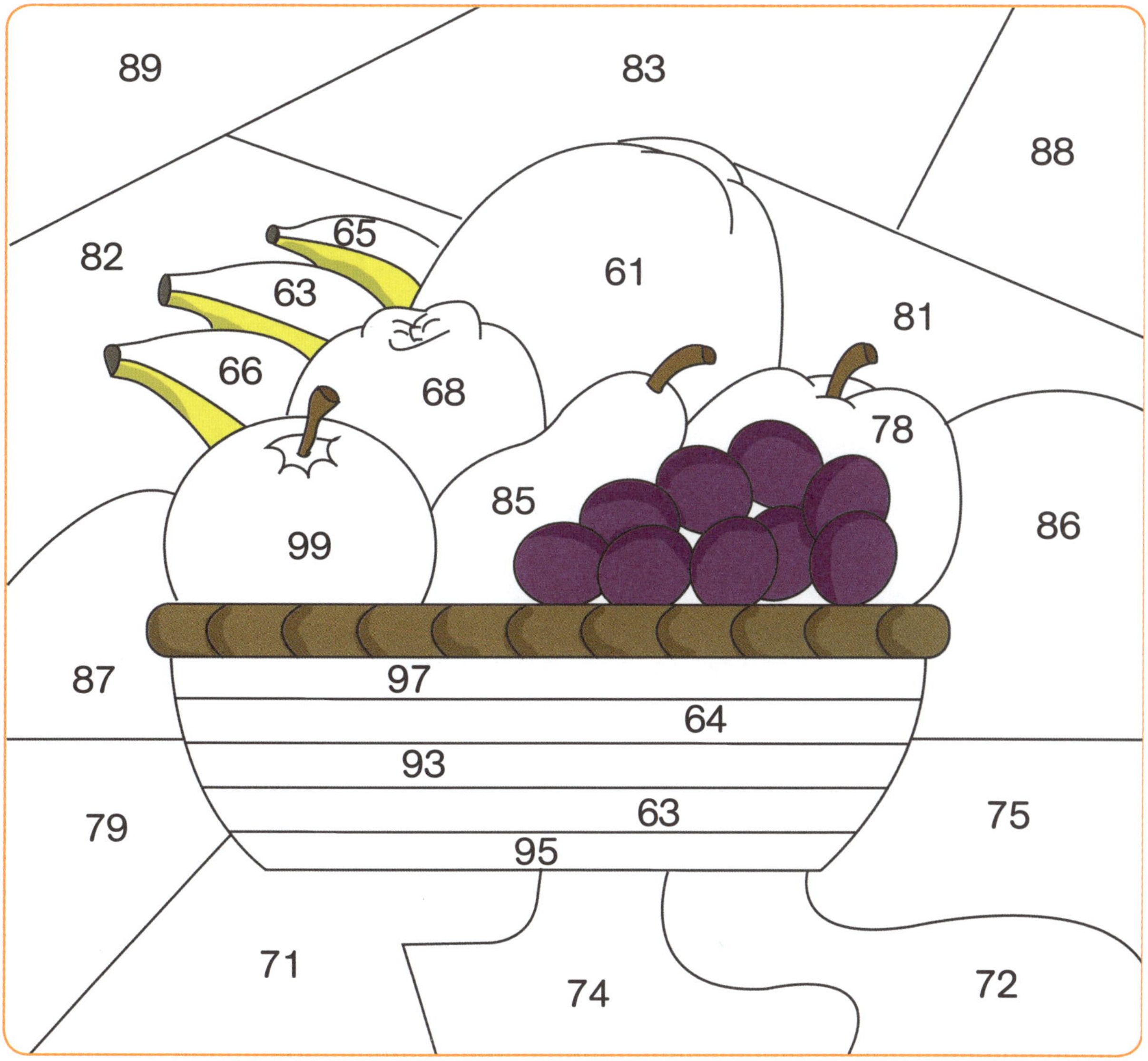

Vagner Castro

SEGUINDO PISTAS

1. DANIELA, ESTELA E GISELA SÃO IRMÃS. SIGA AS PISTAS E DESCUBRA A IDADE DE CADA UMA.

- DANIELA NÃO É A MAIS VELHA E TEM 10 ANOS.
- GISELA TEM 2 ANOS A MENOS QUE ESTELA.
- ESTELA TEM 5 ANOS A MAIS QUE DANIELA.

NOME			
IDADE	ANOS	ANOS	ANOS

2. JÚLIA, JOÃO E MURILO SÃO VIZINHOS. CADA UM TEM UM CACHORRO. LEIA AS PISTAS PARA DESCOBRIR A CASA E O CACHORRO DE CADA UM.

- JÚLIA É DONA DO PASTOR ALEMÃO LULU E **NÃO** MORA NA CASA 1.

- JOÃO MORA NA CASA 3 E **NÃO** É DONO DO PEQUINÊS MIMI.

- MURILO **NÃO** MORA NA CASA DO MEIO E **NÃO** É DONO DO DÁLMATA TÓBI.

CASA			
DONO DA CASA			
CACHORRO			

REDE DE IDEIAS

1. PINTE O CAMINHO DE ACORDO COM A SENHA DA ENTRADA E AJUDE O RATO A ENCONTRAR A SAÍDA DO LABIRINTO!

SOME 2

0	1	7	17	36	22	24	42	48
2	3	5	19	18	20	26	77	79
4	6	8	15	16	27	28	30	103
9	21	10	12	14	39	85	32	65
10	23	32	19	56	33	36	34	37
11	27	35	23	43	40	38	61	59
15	39	92	74	45	42	44	49	62
17	71	49	106	56	87	46	48	50

Francisco Vilachã

2. CALCULE O NÚMERO DE CANETAS DE ACORDO COM O NÚMERO DE PACOTES E COMPLETE A TABELA. TODOS OS PACOTES TÊM O MESMO NÚMERO DE CANETAS.

PACOTES	1	2	3	4	5	6
CANETAS	3				15	

3. LIGUE OS PONTOS NA ORDEM CRESCENTE E DESCUBRA UMA FIGURA.

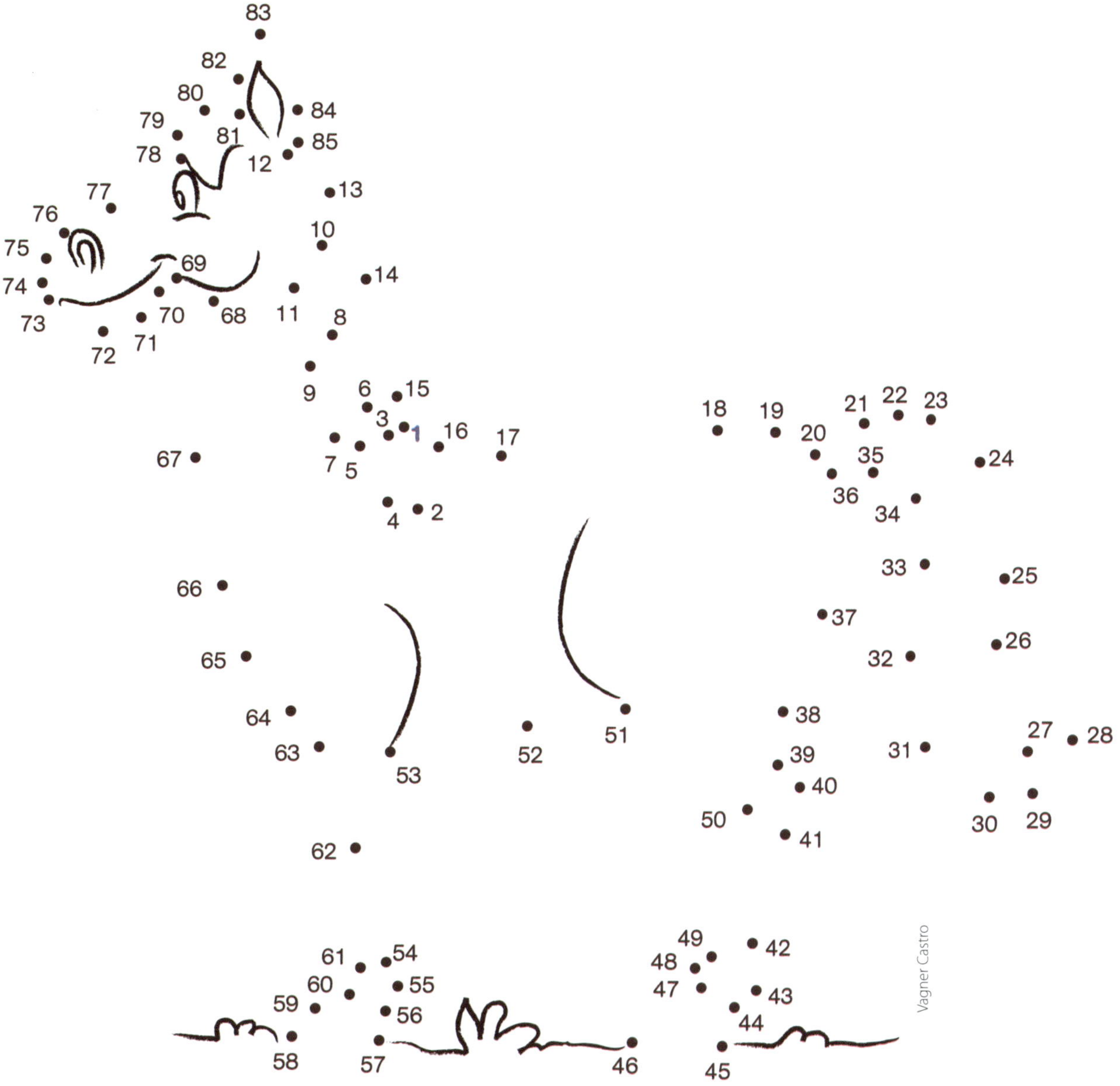

Vagner Castro

VOCÊ SABIA?

OS CAVALOS PESAM EM MÉDIA 400 KG E PODEM CHEGAR A 1 METRO E 60 CENTÍMETROS DE ALTURA. A GESTAÇÃO DA ÉGUA DURA 11 MESES.

Jupiter Unlimited/Keydisc

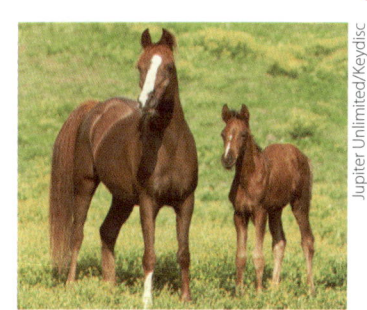

Convivência

CRIANÇAS COMO VOCÊ

1 CONVERSE COM OS COLEGAS E O PROFESSOR SOBRE O QUE VOCÊ OBSERVA NESSAS IMAGENS.

 VOCÊ OBSERVOU DIFERENTES CRIANÇAS DE DIVERSOS LUGARES DO MUNDO. EMBORA DIFERENTES UMAS DAS OUTRAS, ELAS SÃO IGUAIS EM SUAS NECESSIDADES. CONVERSE COM OS COLEGAS E O PROFESSOR SOBRE O QUE AS CRIANÇAS PRECISAM.

DIFERENTES PORÉM IGUAIS

ACOMPANHE A LEITURA QUE O PROFESSOR FARÁ DESTE TEXTO.

> CRIANÇAS DE DIFERENTES PAÍSES DEMONSTRAM SER IGUAIS QUANTO A SEUS DESEJOS. A GRANDE MAIORIA DAS CRIANÇAS DESEJA:
> - SER RESPEITADA EM SEUS DIREITOS.
> - QUE O MUNDO SEJA MENOS VIOLENTO E QUE HAJA PAZ ENTRE TODOS OS POVOS.
> - QUE A NATUREZA NÃO SEJA DESTRUÍDA PELAS PESSOAS.

 TROQUE IDEIAS COM OS COLEGAS E O PROFESSOR SOBRE AS QUESTÕES APRESENTADAS ACIMA. VOCÊ CONCORDA COM ELAS? POR QUÊ?

 ESTIME QUANTAS CRIANÇAS HÁ NA IMAGEM DA PÁGINA 158. EM SEGUIDA FAÇA A CONTAGEM E REGISTRE.

A) ESTIMATIVA: _____

B) QUANTIDADE REAL: _____

AMPLIANDO HORIZONTES

VALE A PENA LER

PRA QUE SERVE O ZERO?, DE ANA VICENTE, MERCURYO.

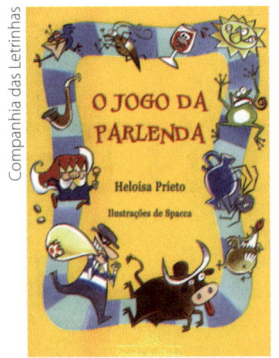

O JOGO DA PARLENDA, DE HELOISA PRIETO, COMPANHIA DAS LETRINHAS.

OVO MEU SERÁ SEU?, DE LÊDA ARISTIDES, SCIPIONE.

OS DEZ AMIGOS NO CAMPO, DE ANNA GÖBEL, FORMATO.

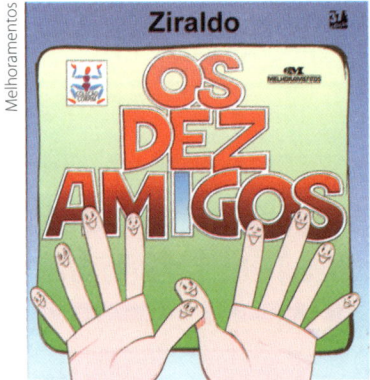

OS DEZ AMIGOS, DE ZIRALDO, MELHORAMENTOS.

JOGOS, BRINCADEIRAS, MÚSICAS E DIVERSÃO

- www1.uol.com.br/ecokids/jogos.htm
- http://smartkids.terra.com.br/
- www.canalkids.com.br/portal/index.php
- http://cienciahoje.uol.com.br/418
- www.palavracantada.com.br
- www.jangadabrasil.com.br